KB240751

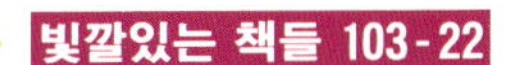

통도사
T'ongdosa

글/이기영, 김동현, 정우택 ●사진/통도사 성보박물관

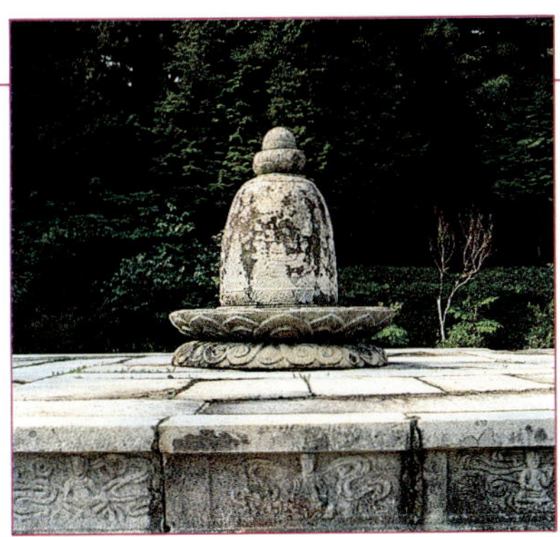

대원사

연혁-이기영 ————————————

경성대학교(서울대학교 전신) 예과 수료,
동대학교 법문학부 사학과를 수학하고 벨
기에 루벵대학에서 사학 및 철학을 전공,
박사학위를 취득하였다. 동국대학교 교수,
국민대학 학장과 대한불교진흥원 이사, 불
교방송국 이사, 한국 불교연구원 이사장을
역임하였다. 저서로는 「원효사상」(세계관
편), 「한국의 사찰」 총 18권(공저) 등 총
35권이 있으며 '원효의 보살계관' 등 다수
의 논문이 있다.

건축-김동현 ————————————

한양대학교 건축과, 홍익대학교 대학원 건
축공학과를 졸업하였고 일본 동경대학교
대학원에서 연수하였다. 경주고적발굴조사
단장을 역임하였고 현재 문화재전문위원,
문화재연구소 보존과학연구실장, 대한건축
학회 역사분과위원장으로 있다. 저서로는
「한국 고건축 단장」「불국사」 등 여러 책과
논문들이 있다.

유물-정우택 ————————————

동국대학교 불교미술학과를 졸업하고 홍익
대학교 대학원에서 미술사학과를 졸업, 일
본 구주대학에서 문학박사학위를 취득하였
다. 한국정신문화연구원의 연구원을 역임,
현재 한국관광대학 문화재학과 교수로 있
다. 저서로는 「고려시대 아미타화상의 연
구」(일문)가 있으며 '고려시대 아미타팔대
보살도' 등 다수의 논문이 있다.

사진-통도사 성보박물관

통도사

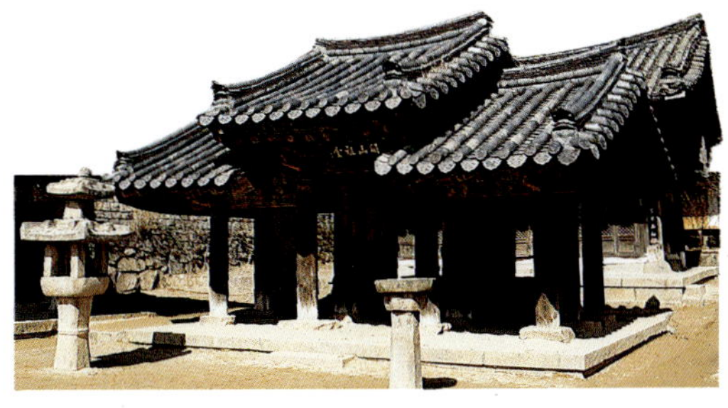

통도사

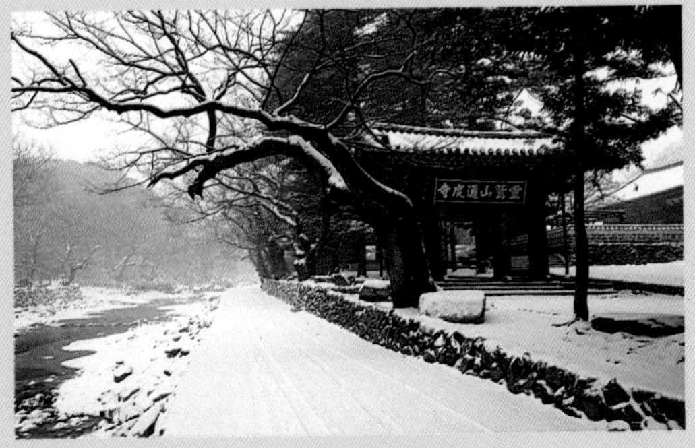

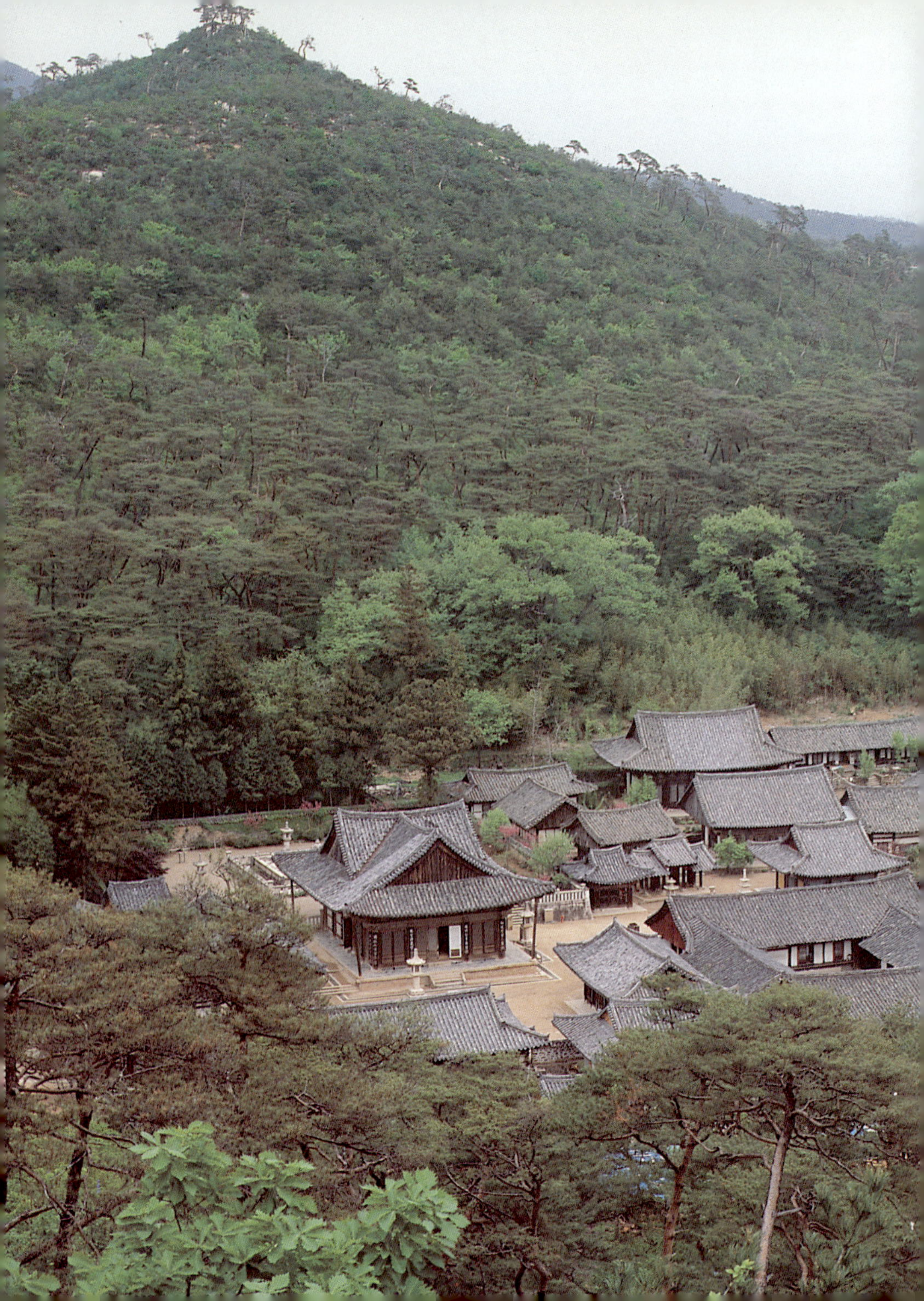

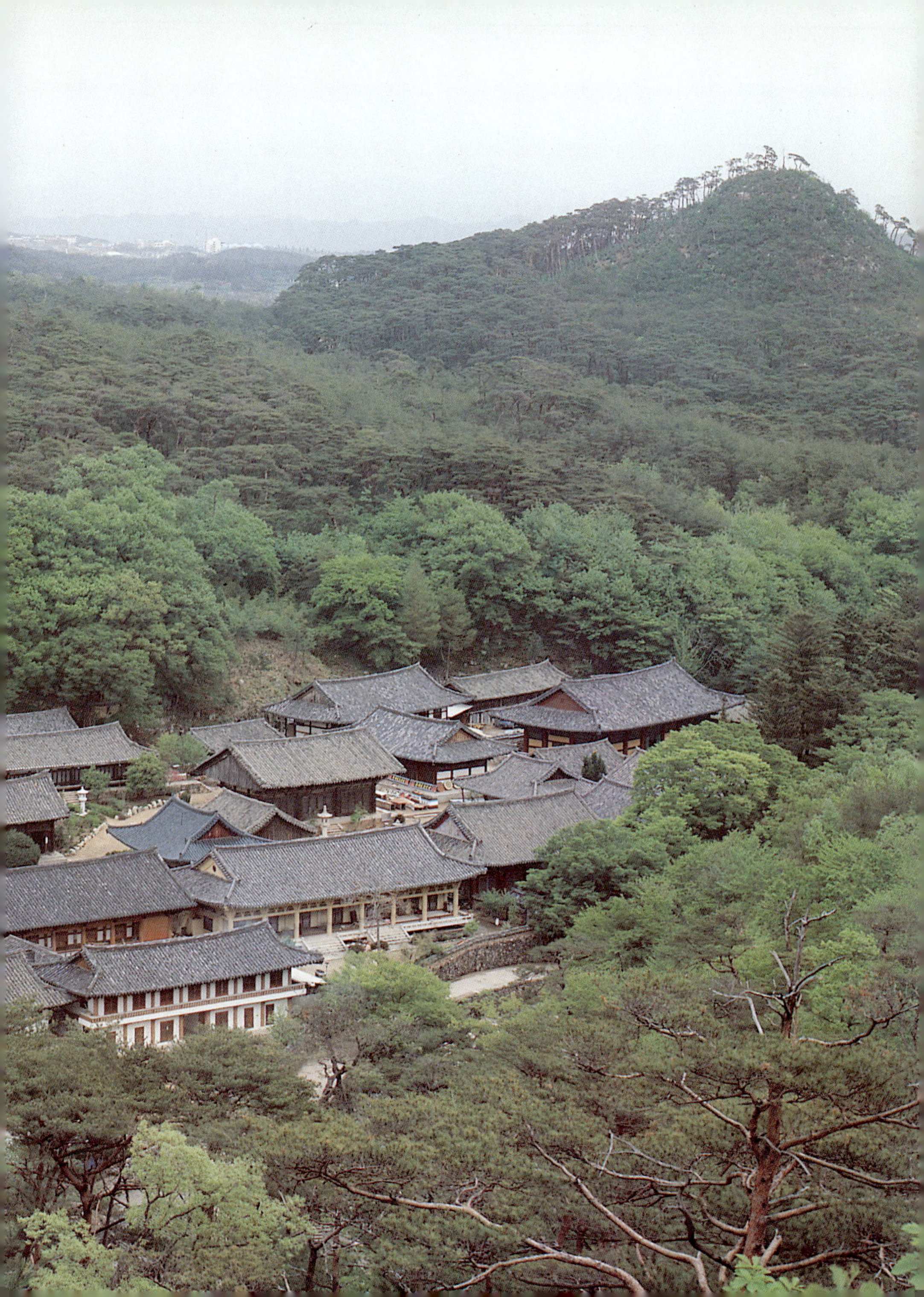

창사(創寺) 정신

　우리나라의 사찰(寺刹)은 각기 나름대로의 고유한 성격을 지니면서 불법(佛法)을 이 땅에 펴고 있다. 화엄 사상(華嚴思想)을 표방하는 화엄 사찰이 있는가 하면, 아미타불(阿彌陀佛)이나 미륵불(彌勒佛)의 세계를 그리는 정토(淨土) 사찰이 있다. 또한 관음보살(觀音菩薩)의 대자비(大慈悲)를 간구하는 관음 도량(觀音道場)이 있다.

　이러한 사찰의 성격은 통도사(通度寺)와 해인사(海印寺) 그리고 송광사(松廣寺)의 삼보(三寶) 사찰에서 잘 드러난다. 곧 통도사는 부처님의 진신사리(眞身舍利)와 가사(袈裟)를 봉안한 불보(佛寶) 사찰로, 해인사는 부처님의 말씀(法)인 팔만대장경을 간직하고 있는 법보(法寶) 사찰로, 송광사는 보조 국사(普照國師)이래 열여섯 명의 국사를 배출했기 때문에 승보(僧寶) 사찰로 이름이 나 있다. 그것은 달리 말해서 불교의 요체인 불, 법, 승 삼보가 각 사찰에 따라서 어느 한 부분이 특별히 강조되어 표현된 것이다.

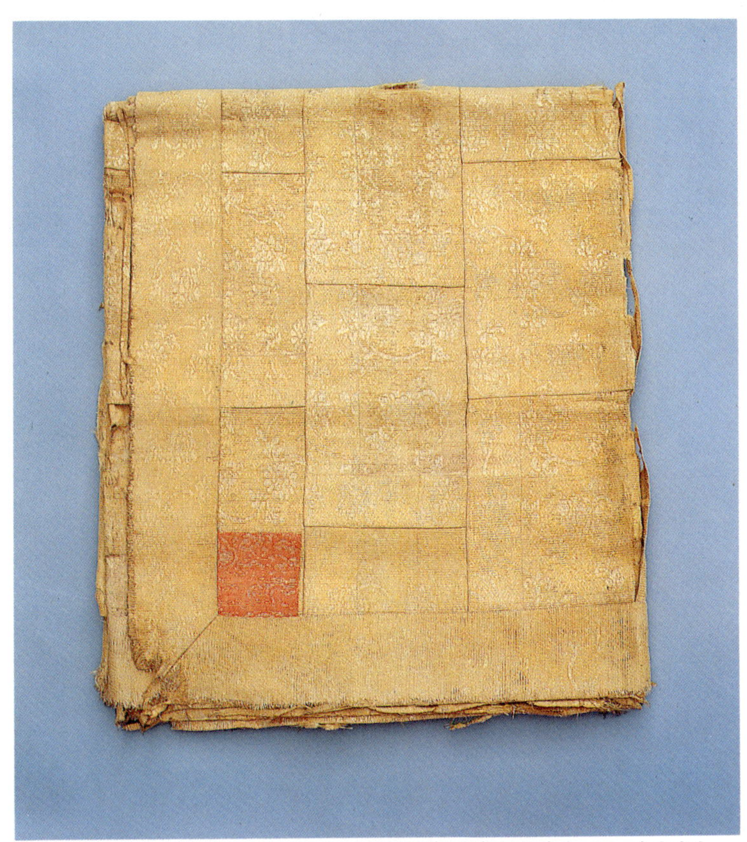

석가여래의 가사 통도사는 부처님의 진신사리와 가사를 봉안한 불보 사찰이다.

불보 사찰로서의 통도사

통도사는 삼보 가운데 가장 으뜸인 불보를 간직하고 있어 진정
'불지종찰(佛之宗刹)이요 국지대찰(國之大刹)'이라 할 수 있다. 특히
석가모니 부처님의 진신사리와 가사를 금강계단(金剛戒壇)에 봉안

하고 있기 때문에 통도사는 대웅전에 불상이 없는 사찰로 유명하다. 부처님의 진신인 사리가 대웅전 뒤쪽에 있는 금강계단에서 살아 숨쉬고 있어 구태여 부처님의 형상이 필요없다는 뜻이다. 그래서 정방형 법당 외부 사면에는 각각 다른 이름의 편액(扁額)이 걸려 있다. 동쪽은 대웅전(大雄殿), 서쪽은 대방광전(大方廣殿), 남쪽은 금강계단, 북쪽은 적멸보궁(寂滅寶宮)이라 씌어 있다.

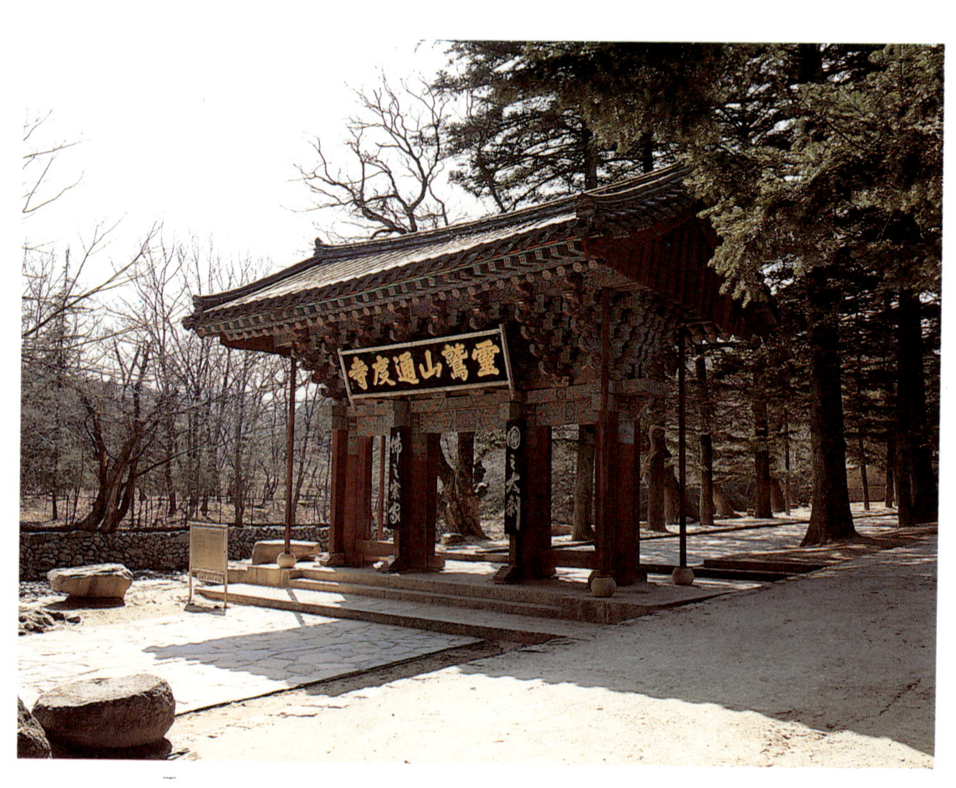

일주문 절에 들어오는 첫번째 문으로 현판에 "영축산통도사"라 씌어 있다.

통도사의 어원

통도사는 낙동강과 동해를 끼고 하늘 높이 치솟은 해발 1,050 미터의 영축산(靈鷲山) 남쪽 기슭에 자리잡고 있다. 영축산이란 본래 부처님 재세시(在世時) 마가다(Magadha)국 왕사성(王舍城, Rājaṛha)의 동쪽에 있던 그리드라(Gṛdhra ; 鷲, 독수리)라는 산(Kūta, 봉우리)이었다. 본래 이 산은 석가모니 부처님께서 「법화경(法華經)」을 설한 유명한 곳으로 신선(神仙)과 독수리들이 많이 살고 있었기 때문에 영축산이라 불렀던 곳이다.

신라에는 불교가 신라에 전래되기 이전에 이미 일곱 군데의 가람(伽藍) 터가 있었다고 전해지며 오대산(五台山)과 금강산(金剛山)에는 문수보살(文殊菩薩)과 법기보살(法起菩薩)이 거주하는 곳이라 하여 우리나라가 불법과 매우 인연이 깊은 땅임을 보여 준다.

영축산 통도사에 있는 전각들과 탑, 석등, 이것들과 어우러져 있는 자연, 그 속에서 불법을 꽃피운 위대한 고승들. 어느 하나 불연(佛緣)과 떼놓을 수 없다. 그래서 이 산의 모양이 불법을 직접 설하신 인도 영축산과 통한다(此山之形 通於印度靈鷲山形) 해서 통도사라 이름했다고 일컬어진다. 또한 “승려가 되려는 사람은 모두 부처님의 진신사리를 모신 금강계단에서 계를 받아야 한다(爲僧者通而度之)”는 의미에서 통도사라 했다고 한다. 이는 사찰의 근본 정신을 잘 말해 주는 것으로 통도사는 계율(戒律)의 중심지로서 모든 승려들은 여기에서 계(戒)를 받아야 산문(山門)에 들어서게 된다. 그리고 “모든 진리를 회통하여 중생을 제도한다(通萬法度衆生)”는 의미에서 통도사라 했다 하는데, 이는 대승불교의 이상인 “상구보리(上求菩提) 하화중생(下化衆生)”의 의미를 통도(通度)라는 응축된 말로 표현한 탁월한 발상이다. 보살은 자기만의 깨달음을 구하는 데 있지 않다. 깨달음을 향하여 진리의 세계로 나가는 동시에 고통받는 중생들과 함께 하는 대비(大悲)의 마음이 있어야 한다.

불사리의 정신

불사리는 일종의 석가모니 부처님의 유신(遺身)이지만 다른 말로는 신령스러운 뼈 또는 신령스러운 구슬이라고 한다. 그것은 흔히들 삼학의 결정체라고 일컫는다. 그 가운데에서 계율의 철저한 실천이야말로 사리의 참된 정신이라 할 수 있다. 비단 그것은 소승적 의미에서의 단순한 금계(禁戒)뿐만 아니라 대승적 보살계(菩薩戒)의 실천인 적극적인 중생 구제로의 길을 내포하고 있다.

자장은 귀국하자 황룡사(皇龍寺)에서 7일 낮과 밤 동안 보살계본(菩薩戒本)을 강설했다 한다. 그 보살계의 핵심은 삼취정계(三聚淨戒)로서 섭률의계(攝律義戒), 섭선법계(攝善法戒), 섭중생계(攝衆生戒)를 말한다. 섭률의계란 악한 짓을 하지 말라는 금계적 조항이고 섭선법계와 섭중생계에는 중생들의 고통을 덜어 주고 중생들을 이익케 하는 적극적인 자비와 보시의 정신이 깔려 있다. 석가모니 부처님은 그 자비와 보시를 실천적으로 보여 주신 분이다. 곧 석존이 전생에 보살이었을 때에 일곱 마리의 새끼를 낳은 호랑이 가족이 굶어 죽으려 하자 스스로 몸을 보시하여 그 굶주린 어미 호랑이를 살리게 되었다. 그리하여 그 뼈를 거두어 칠보탑을 쌓았는데 그 뼈가 바로 사리가 되었다. 이 얘기는 석가모니 부처님의 전생 설화에 담긴 내용인데 사리의 종교적인 정신을 잘 말해 준다. 이는 사리가 계, 정, 혜 삼학의 결정체라 하겠지만 더 깊은 의미로는 육바라밀의 실천에서 결과하는 보살 정신의 응결된 표현이며, 바로 보살계의 결정체임을 보여 주는 것이라 생각한다.

대승불교가 흥기할 때 일반 재가 불자들은 불탑을 쌓아 거기에 사리를 모시고 경배드렸으며, 이러한 전통이 이어져 사리를 모신 불탑(佛塔) 숭배가 보편화되었다. 특히 금강계단은 부처님의 사리를 모시고 탑과 단(壇)을 쌓아 승니(僧尼)들에게 계를 주는 계단(戒

壇)의 역할을 하였으며 많은 사람들의 숭배 대상이 되었다.

자장 율사는 통도사 대웅전 뒤 주련(柱聯)에다가 다음과 같은 불탑게(佛塔偈)를 써 놓았다.

만대의 전륜왕(轉輪王) 삼계의 주인
쌍림에 열반하신 뒤 몇 천추던가.
진신사리 오히려 지금도 있으니
널리 중생의 예불 쉬지 않게 하리.
(萬代輪王三界主 雙林示寂幾千秋
眞身舍利今猶在 普使群生禮不休)

진신사리는 부처님 인격의 결정체이기 때문에 인간 사유의 범주를 초탈한 신비로운 자태를 보여 준다고 한다. 「통도사 사적기(寺蹟記)」는 사리의 영이(靈異)함에 대해 많은 얘기를 전하고 있다.

첫째, 누구든지 사리를 우러러 예(禮)를 표할 때 다섯 가지 법신(法身)의 향기가 온 산내(山內)를 감돈다.

둘째, 인연이 있고 없음에 따라 사리가 나타기도 하고 나타나지 않기도 하고 크기가 어느 때는 작기도 하고 크기도 하며, 때로는 그 수효가 적어졌다 많아졌다 하며 금색(金色), 옥색(玉色) 등의 여러 가지 색깔로 변화하여 나타난다.

셋째, 사람들이 사리를 예경할 때 맑은 하늘에서 갑자기 비가 내리고 그런가 하면 오던 비가 돌연히 개기도 하며 검은 구름이 깔리고 우뢰나 폭풍이 일어나 나무를 쓰러뜨리므로 그 길흉을 알지 못한다.

넷째, 사람들이 사리를 예경하기 위해 동구(洞口)에 들어오면 석종(石鐘) 위에서 먼저 오색의 광명이 나타나 동리의 산과 골짜기를 밝힌다.

다섯째, 향과 초를 태워 가지가지로 공양하고 부지런히 정진하면 계단의 반상(盤上)에 가는 모래알과 같은 변신사리(變身舍利)가 무수히 나타난다.

여섯째, 몸과 마음이 부정한 사람이 마음을 비우지 못하고 사내에 들어오면 비위에 거슬리는 고약한 냄새가 나 곧 사람이 광란하여 땅에 쓰러져 미치게 된다.

일곱째, 석종 위에 있는 구룡반석(九龍盤石) 아래 움푹 패인 곳에는 항상 물이 가득 차 있고 푸른 달팽이가 붙어 있다. 사람들이 석종을 들 때는 사방으로 흩어져 간 곳을 모르더니 사람들이 사라지면 어느새 들어와 전과 같이 붙어 있다. 이 달팽이는 죽지 아니하고 때에 따라 나타나기도 하고 나타나지 않기도 한다.

여덟째, 금강계단 위로는 일체 날짐승이 날아가지 아니하고 그 주변에서 시끄럽게 지저귀지 않으며 또 그 위에 오줌과 똥을 누지 않는다.

이와 같은 영험을 증명이라도 하듯 1956년 통도사 대웅전에서 화엄 산림(華嚴山林) 법회를 베풀었는데 한밤중에 계단 사리탑에서 광명이 뻗어올라 대낮처럼 밝아 많은 사승(寺僧)이 깨어나서 예배를 올렸다 한다. 그 뒤에도 나라에서 큰일이 있을 때마다 사리탑에서 종종 광명을 발하였다는데 50리 가량 떨어진 양산에서는 통도사에 불이 났다고 수선을 떨었다 한다.

비단 이러한 이야기들뿐만 아니라 의식을 집전하는 스님들은 가끔 신기한 일들을 몸소 체험한다고 전한다. 고단하여 새벽 예불 시간이 되어도 일어나지 못하고 있을 때는 종종 목탁 소리와 종소리가 들린다는 얘기다. 물론 이러한 일은 청규(淸規)가 엄한 도량에서 흔히 있는 일이지만 불사리를 봉안한 적멸보궁이 지니는 특별한 신이성(神異性)을 말해 주는 것이라 여겨진다.

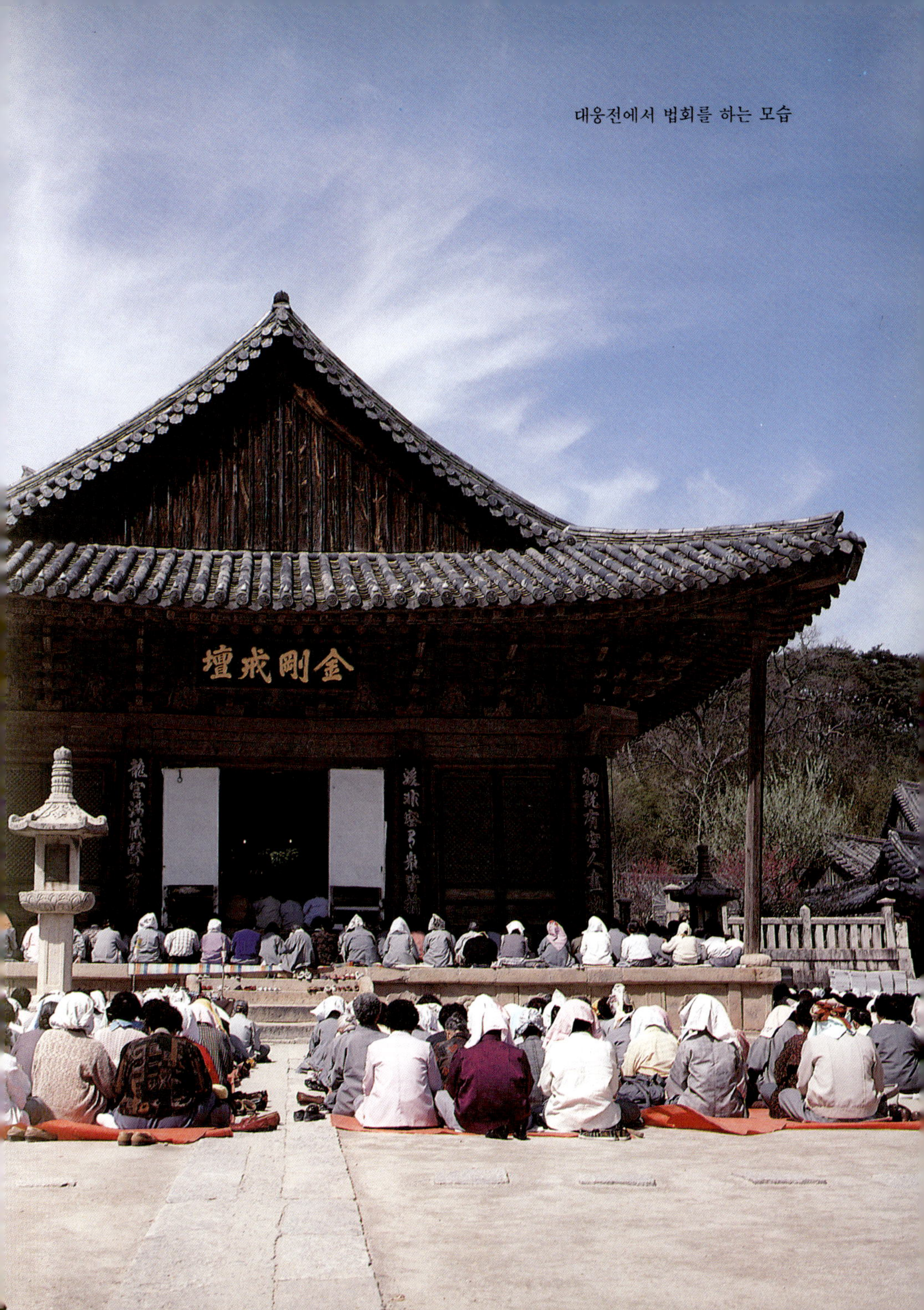

대웅전에서 법회를 하는 모습

통도사의 연혁

창건

통도사는 신라 선덕(善德)여왕 15년(646)에 자장 율사(慈藏律師)에 의해 창건되었다고 전한다. 선덕여왕 시대의 불교는 삼국 통일의 정신적 기틀을 제공했던 시기라고 볼 수 있다. 많은 사찰과 탑이 건립되었으며 훌륭한 고승들의 활약이 두드러져 그 불붙는 구도(求道)의 열정은 당나라에로의 유학을 이끌었다. 특히 자장은 선덕여왕과 밀접한 관계를 맺어 당나라에 유학갔다 온 뒤 통도사를 창건하였으며 당시 승려들의 기강을 바로잡은 율사(律師)로 이름나 있다.

자장의 탄생 연대는 명확하지 않지만, 대체로 원효(元曉)와 의상(義湘)보다는 연상이었으리라 생각된다.「삼국유사」에 의하면 그는 진골(眞骨) 출신인 소판(蘇判) 김무림(金茂林)의 아들로 어릴 때 이름은 선종랑(善宗郎)이었다. 어릴 때부터 매우 영특하고 총명했으나 일찍이 부모를 여의고 인생의 무상함을 뼈저리게 느꼈다. 그래서 깊은 산속으로 들어가 고골관(枯骨觀)을 닦았다. 고골관이란 백골관

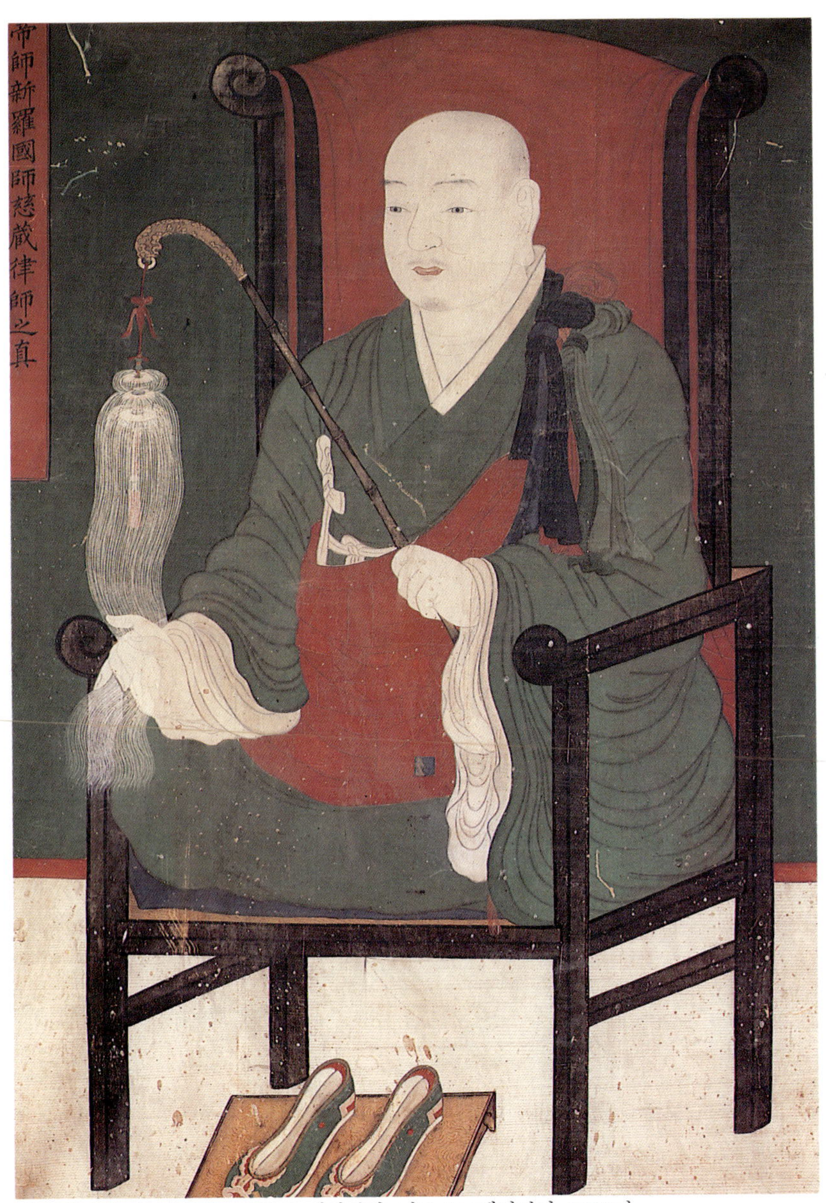

자장 율사의 진영(眞影)　가로 96센티미터, 세로 146센티미터. 1804년.

(白骨觀)으로도 부르는데 시체가 썩어서 백골로 화하는 모습을 관(觀)하는 것이다. 그는 자기가 앉은 좁은 방 안을 온통 가시 덤불로 둘러싸 수행중에 조금이라도 권태가 와서 졸거나 움직이면 그 가시에 찔리게끔 알몸으로 좌선(坐禪)했으며 또한 목에 끈을 매어 대들보에 연결시키고 흩어져 달아나는 정신을 잡으려고 무진 애를 썼다. 그러나 당시의 정계는 왕족인 진골 출신의 외아들이며 재간과 지혜를 겸비한 자장을 산속에서 수도하게끔 내버려 두지 않았다. 왕은 그를 재상의 자리에 앉히려고 누차 불렀으나 응하지 않았다. 드디어 왕은 칙령을 내려 "취임하지 않으면 목을 베리라" 하였다. 그때 칙사에게 준 자장의 답변은 단호하였다.

나는 차라리 단 하루를 살더라도 계를 지키다 죽을지언정, 파계(破戒)를 하고 백년 동안 살기를 원하지 않는다(吾寧一日持戒而死, 不願百年破戒而生).

이 이야기를 전해 들은 왕은 자장의 결심에 감동하여 다시는 그의 수도를 방해하지 않았다고 한다. 그러나 그의 마음에는 항상 한가닥 아쉬움이 있었다. 그것은 당시의 신라에서는 불법을 올바로 공부할 수 없었음이다. 드디어 그는 선덕여왕 5년(636)에 칙명을 받아 문인(門人) 실(實) 등 10여 명과 함께 당나라로 건너가 청량산(淸涼山)에 들어갔다. 그곳에서 그는 문수보살에게 기도하여 범어(梵語)로 된 게송(偈頌)과 가사와 사리를 받았다. 이후로 자장은 더욱 수행에 박차를 가하여 유학한 지 7년 만인 643년에 다시 신라로 돌아왔다. 왕은 그를 분황사(分皇寺)에 머물게 했다. 그러던 어느 해 여름 그를 궁중으로 초청하여 「섭대승론(攝大乘論)」을 강의하도록 했으며, 또 황룡사에서 7일 낮과 밤 동안 「보살계본」을 강의하니 하늘에서 단비가 내리고 구름 안개가 자욱이 끼어 강당을 덮었다 한다.

　조정에서는 왕명으로 자장을 국통(國統)으로 삼아 승려의 모든 규범을 위임하여 주관하도록 했다. 자장은 이러한 좋은 기회를 충분히 활용하였다. 보름마다 계율을 설하고 겨울과 봄에는 시험을 치러 지계(持戒)와 범계(犯戒)의 차이점을 알게 했다. 또 지방 사찰을 두루 검사하여 승려의 과실(過失)을 징계하였다. 그리하여 비단 승려들뿐만 아니라 나라에서 계를 받고 불법을 받드는 것이 열 집 가운데에서 여덟, 아홉 집이나 되었으며 머리를 깎고 승(僧)이 되기를 원하는 사람이 해마다 늘어났다. 그래서 자장은 646년에 통도사를 창건하고 금강계단을 쌓아 사방에서 모여드는 사람들을 받아들여 계를 주었다. 이렇듯 통도사 창건은 자장의 피나는 구법(求法) 노력의 결과이며 거기에는 철저한 자장의 계율 정신이 내재되어 있다. 그래서 자장은 경(經)과 논(論)에 능한 논사(論師)로 불리기보다는 율(律)에 능한 율사로 이름을 떨치게 되었으며, 신라의 불교계를 새롭게 정비하였던 것이다.

금강계단의 역사

　불사리를 봉안하고 있는 금강계단은 통도사의 정신적 근거이며 창사의 가장 중요한 기틀을 형성하고 있다. 따라서 통도사의 역사에 대해 언급하는 자료들은 어느 것이나 절의 변천사보다는 금강계단에 관계되는 역사적 사건을 언급한다.

구룡지(九龍池)의 유래
　「삼국유사」와 내용을 약간 달리하는 '통도사사리가사사적약록(通度寺舍利袈裟事蹟略錄)'에서는 금강계단이 설치되기까지의 이야기를 다음과 같이 전하고 있다.

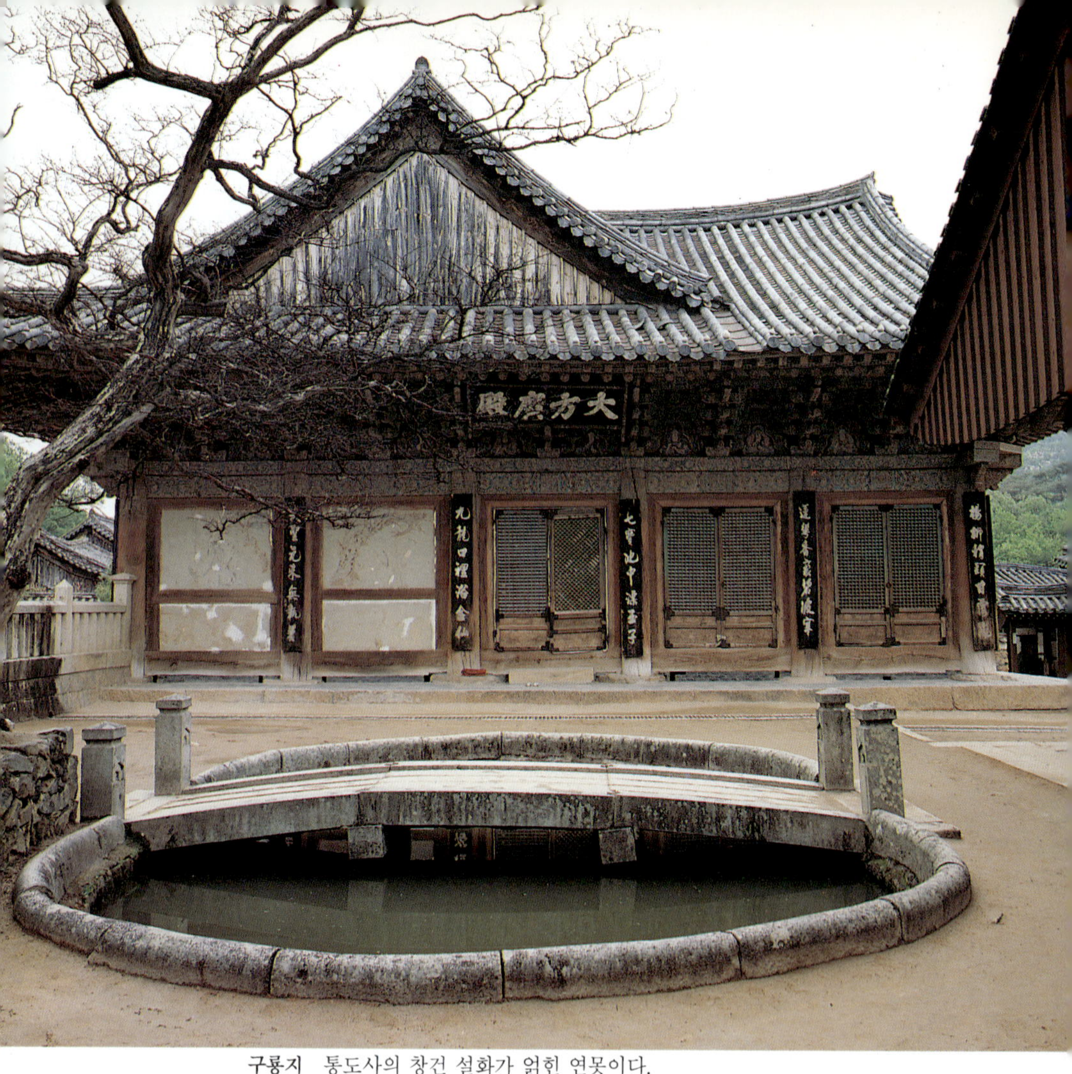

구룡지 통도사의 창건 설화가 얽힌 연못이다.

　자장이 당나라 종남산(終南山) 운제사(雲際寺) 문수보살상
앞에서 기도를 드리고 있을 때의 일이다. 문수보살은 승려로 화하
여 가사 한 벌과 진신사리 1백 알, 불두골(佛頭骨)과 손가락 뼈
(指節), 염주, 경전 등을 주면서 말했다.

20 통도사의 연혁

　"이것들은 내 스승 석가여래께서 친히 입으셨던 가사이고 또 이 사리들은 부처님의 진신사리이며, 이 뼈는 부처님의 머리와 손가락 뼈이다. 그대는 말세(末世)에 계율을 지키는 사문(沙門)이 될 것이므로 내가 이것을 그대에게 주노라. 그대의 나라 남쪽 취서산(鷲栖山；영축산의 옛이름) 기슭에 독룡(毒龍)이 거처하는 신지(神池)가 있는데, 거기에 사는 용들이 독해(毒害)를 품어서 비바람을 일으켜 곡식을 상하게 하고 백성들을 괴롭히고 있다. 그러니 그대가 그 용이 사는 연못에 금강계단을 쌓고 이 불사리와 가사를 봉안하면 삼재(三災；물, 바람, 불의 재앙)를 면하게 되어 만대에 이르도록 멸하지 않고 불법이 오랫동안 머물러 천룡(天龍)이 그곳을 옹호하게 되느니라."

　자장은 귀국하여 선덕왕과 함께 취서산을 찾아서 독룡들이 산다는 못에 이르러 용들을 위해 설법을 하였다. 그런 뒤 자장은 못을 메우고 그 위에 계단을 쌓았다.

　이상의 기록을 통하여 통도사가 창건되기 이전의 그 땅은 매우 큰 연못이었음을 알 수 있다. 이를 증명이라도 하듯이 경내 바닥에 손잡이가 달린 뚜껑이 있는데 이것을 열어 보면 1미터쯤 아래에 물이 흐르고 있음을 발견할 수 있다.

　속전(俗傳)에는 자장에게 항복한 독룡은 모두 아홉 마리였는데, 그 가운데서 다섯 마리는 오룡동(五龍洞)으로, 세 마리는 삼동곡(三洞谷)으로 갔으나 오직 한 마리만은 굳이 그곳에 남아 터를 지키겠다고 굳게 맹세하였으므로 자장은 그 용의 청을 들어 연못 한 귀퉁이를 메우지 않고 남겨 그 용을 머물도록 했다 한다. 그곳이 지금의 구룡지인데 불과 네댓 평의 넓이에 지나지 않으며 깊이 또한 한 길도 채 안 되는 조그마한 타원형의 연못이지만 아무리 심한 가뭄이 와도 전혀 수량이 줄어들지 않는다고 한다.

금강계단의 의미

연못을 메우고 들어선 금강계단은 대웅전 바로 뒤에 위치하고 있다. 이곳은 통도사 창건의 근본 정신을 간직하고 있는 최상의 성지(聖地)이며 전체 가람 배치의 중심을 이루고 있다. 실로 통도사는 이 금강계단이 있음으로 해서 삼보 사찰 가운데에서 수위를 차지하는 불보 사찰의 면모를 갖추게 된다.

금강계단의 금강이라는 말은 금강석(金剛石) 곧 다이아몬드를 의미한다. 어떤 물건이라도 금강석을 깨뜨릴 수 없지만 금강석은 모든 것을 깨뜨릴 수 있다. 그래서 불경(佛經)에서는 이러한 금강석의 강인한 특징을 반야(般若)의 지혜를 표시하는 은유로 써 왔다. 곧 반야의 지혜로 모든 번뇌, 망상과 미혹의 뿌리를 끊어 버리므로 그 반야의 지혜가 금강석과 같다는 말이다.

반야의 지혜는 계(戒), 정(定), 혜(慧) 삼학(三學)을 완성함으로써 성취될 수 있다. 이 삼학 가운데서 가장 기본이 되는 바탕은 계율의 실천에 있다. 계율이 기본적으로 몸에 배지 않고서는 아무리 훌륭한 일을 한다 해도 그것은 사상 누각에 불과하다. 그리고 계율이란 그릇과 같아서 자칫 잘못하면 깨질 우려가 항상 있다. 그래서 계의 그릇은 금강과 같이 견고하게 보존해야 하는 것이다. 부처님의 진신 사리는 삼학의 결정체이며 반야의 물적 화현(化現)이다. 그러므로 그것은 금강과 같이 견고하며 그 사리를 모신 계단을 금강계단이라 아니할 수 없다.

앞서도 말했듯이 자장은 당나라에 유학하기 이전에 철저한 계율의 정신을 몸소 실천했다. 계를 지키고 하루를 살지언정 파계를 하고 백년을 살지 못하겠다는 그의 철저한 계율의 정신은 문수보살로부터 사리와 가사를 받은 사실을 나타났고 이 불신(佛身)이 통도사 계단에 안치됨으로써 통도사는 계율의 근본 도량이 되었던 것이다. 그래서 통도사 금강계단에서 계를 받는 일은 부처님에게서 직접

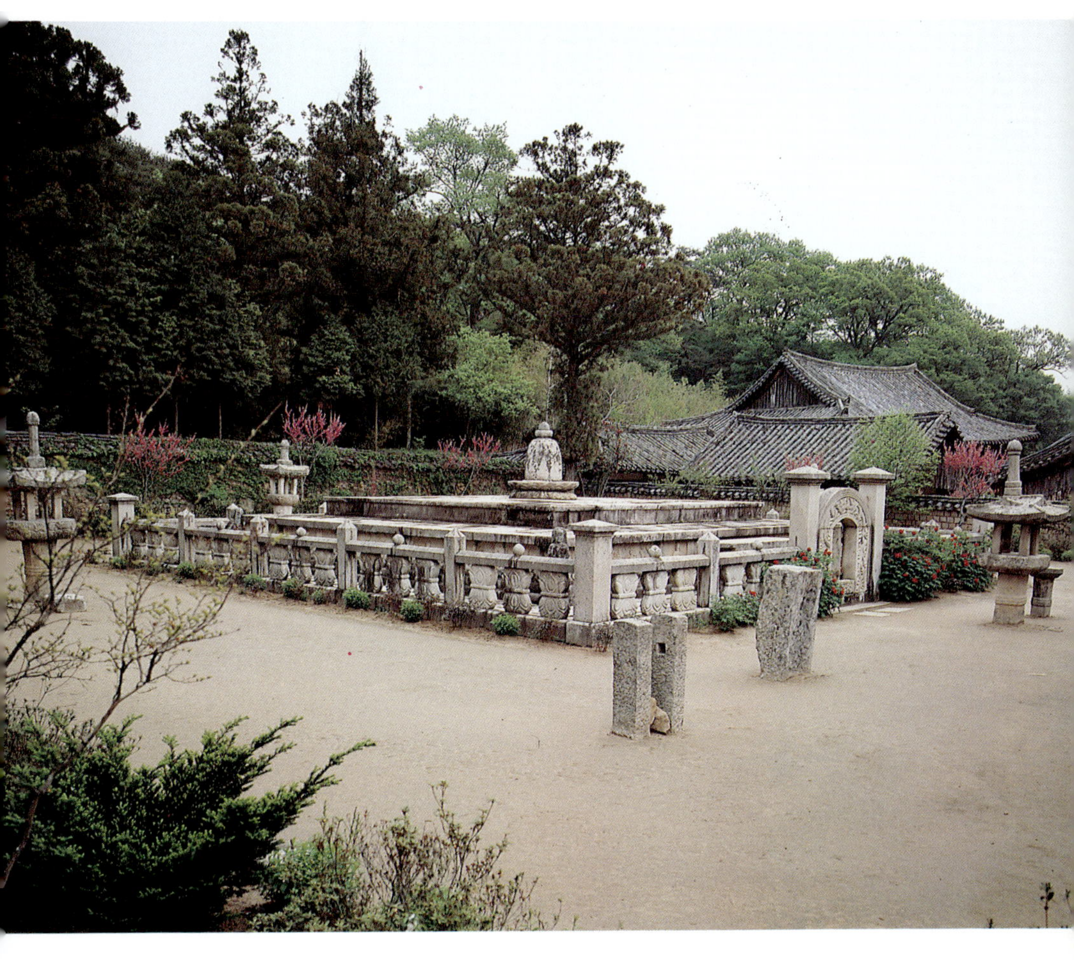

금강계단 통도사 창건의 근본 정신을 간직하고 있는 최상의 성지이며 전체 가람 배치
    의 중심을 이루고 있다.

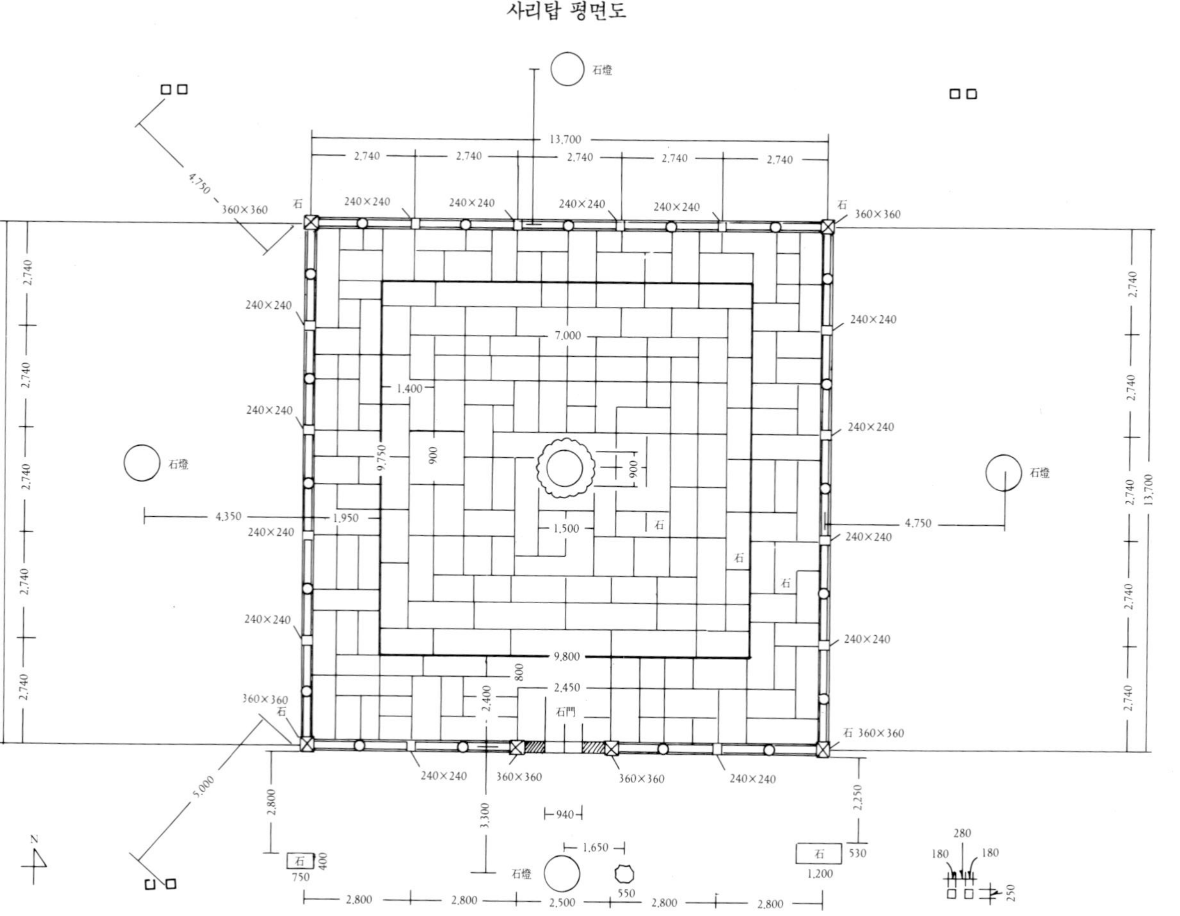

사리탑 평면도
13.700
2.740
石燈
石 360×360
240×240
240×240
240×240
240×240
石 360×360
2.740
2.740
2.740
2.740
2.740
7.000
9.750
9.800
1.500
900
900
1.400
1.950
800
2.400
2.450
石門
石
石
石
石燈
4.750
4.350
360×360
4.750
240×240
240×240
240×240
240×240
360×360
5.000
2.800
2.800
2.800
2.800
3.300
1.940
1.650
2.500
550
1.200
530
2.250
250
180
180
280
400
750
石
石燈
石燈
240×240
240×240
240×240
240×240
360×360
360×360
N

계를 받는 것과 동일한 의미를 지니므로 통도사는 계율의 중심지일 뿐만 아니라 오늘에 와서도 그 금강계단은 승려들의 유일한 정통을 잇는 수계(受戒)의 장소로 되어 왔다.

불법에 귀의함에 있어서 첫째 요건은 계율을 실천하는 데 있다. 그래서 승, 속(俗)을 막론하고 불문(佛門)에 들어서기 위해서 비구는 250가지 계율인 구족계(具足戒)를 받아야 하고 재가 신도는 오계(五戒)를 받음으로써 참다운 불자(佛子)로서의 일보를 걷게 되는 것이다. 비단 출발뿐만 아니라 불자들의 일상 생활에는 항상

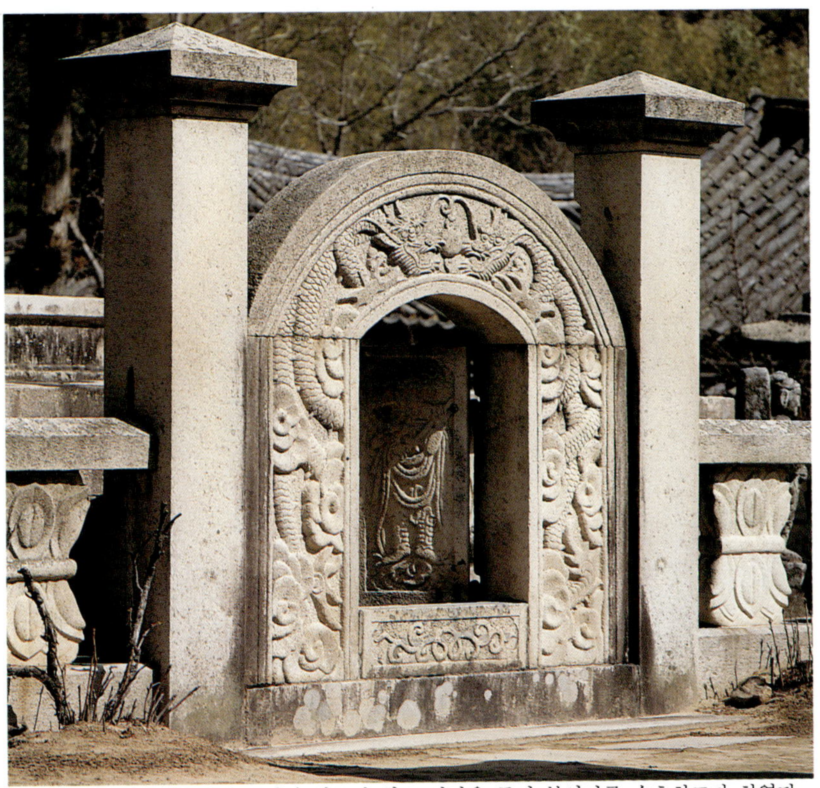

금강계단의 석문　계단 주변에 석문과 석조 담장을 둘러 불사리를 수호하고자 하였다.

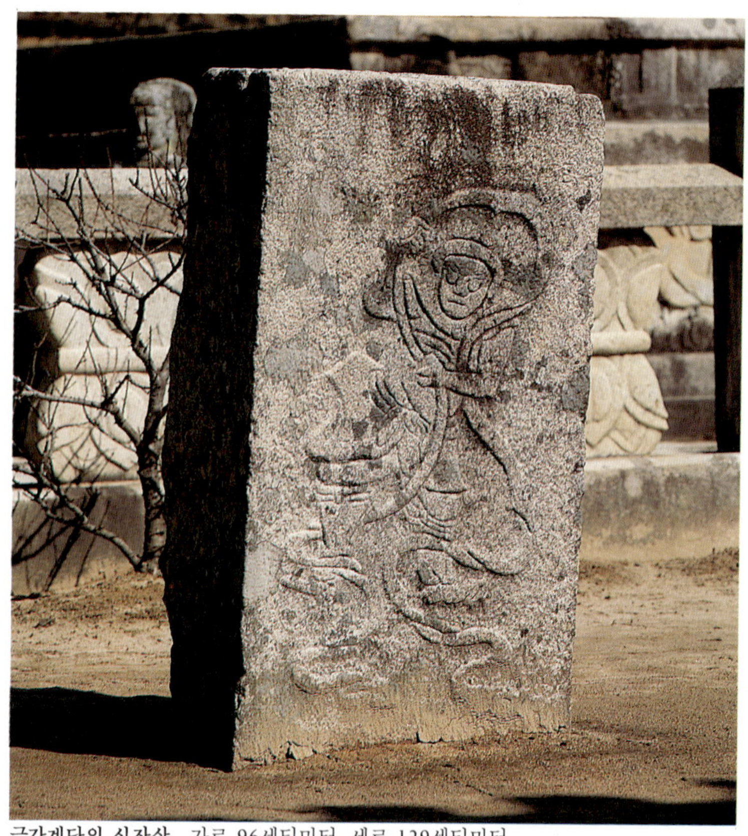

금강계단의 신장상 가로 96센티미터, 세로 129센티미터.

계율을 지키는 자세가 기본적으로 정립되어야 한다. 그래서 승려는 승려대로 청정한 모습으로 사회의 귀감이 되어야 하며 재가 신도는 그 나름대로 철저한 윤리 의식 속에 이 사회를 정토로 일구어 나가야 한다. 그리고 그러한 계율이 단순한 금계에 머무르지 않고 모든 중생들에게 이익을 주겠다 하는 보살계(菩薩戒)로 확산될 때 대승불교의 참된 이상이 이 땅에 펼쳐지리라고 본다. 이것이 바로 자장율사가 이 땅에 금강계단을 설치한 참된 의미이다.

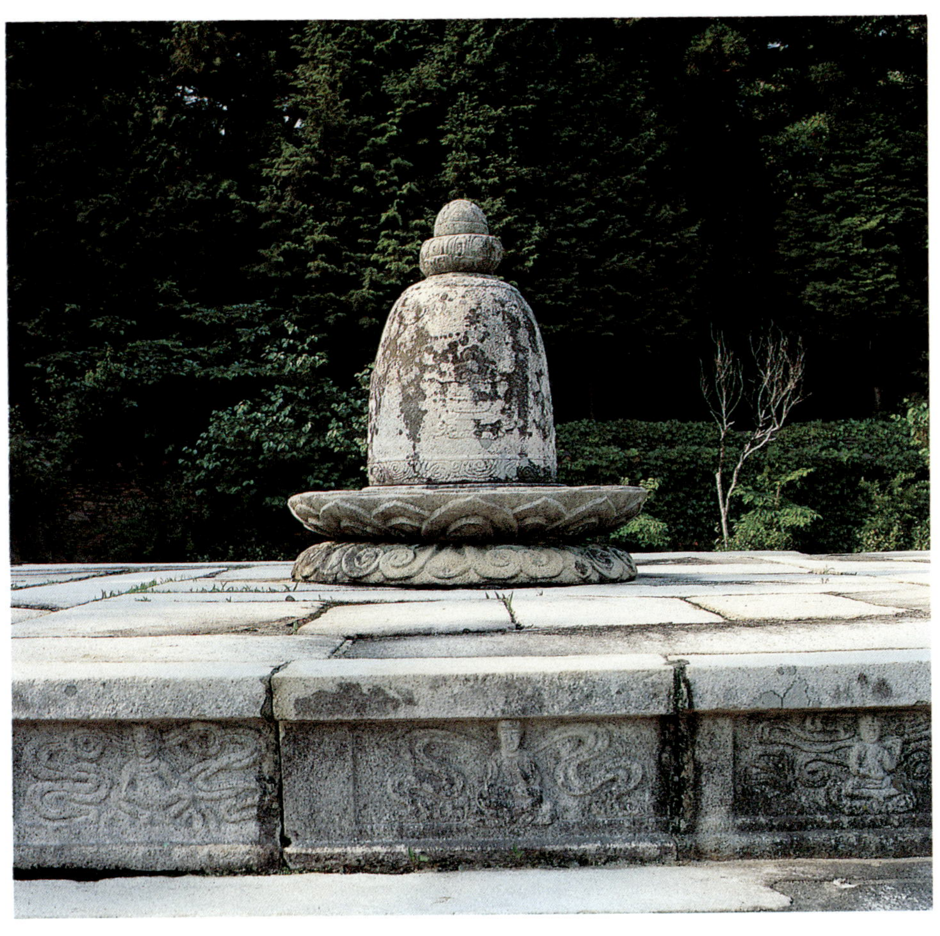

금강계단의 석종 부도 위아래 이중의 넓은 기단 중심부에 직경 150센티미터 정도의
복련(伏蓮)과 앙련(仰蓮)의 받침 대석을 놓고 그 위에 석종형 부도를 안치하였다.
부도 표면에는 비천과 사리함을 조각하였다.

고려시대의 금강계단

「삼국유사」에 의하면 고려 초에 사리와 가사를 덮은 석종이 개봉된 사실이 있었다. 곧 민간에 유포된 당시의 이야기로는 고려 초의 관직을 뜻하는 안렴사(按廉使)가 통도사에 와서 금강계단에 예를 표한 뒤 돌뚜껑을 들어내고 사리를 들여다보니 처음에는 긴 구렁이가 사리를 보관한 석함(石函) 속에 있는 것을 보았고 두번째는 큰 두꺼비가 쪼그리고 앉아 있는 것을 보았다고 한다. 그 뒤로는 감히 돌뚜껑을 들어보지 못했다고 한다.

수도를 강화도로 옮긴 때인 광종 22년(1235)에 상장군 김공(金公) 이생(利生)과 유시랑(庾侍郎) 석(碩)이 고종의 명을 받아 낙동강 동쪽을 지휘하던 차에 절에 와서 돌뚜껑을 들어내고 예를 표했다. 이때 돌함 속에 있는 유리통 하나가 금이 가서 유공(庾公)이 마침 갖고 있던 수정통을 기부하여 거기에 사리를 보관했다고 한다. 「삼국유사」의 이 기록은 문헌상으로 볼 때 사리에 손을 댄 최초의 예가 된다.

1264년 원나라 사신들과 여러 사람들이 와서 그 돌함에 예배드리고 사방의 운수승(雲水僧)들이 몰려와서 예참했다 한다.

또한 원나라에 머물던 인도의 지공(指空) 스님은 금강산 법기도량(法起道場)에 참배하는 것과 금강계단의 사리와 가사에 참배하는 것을 큰 영광으로 알았다. 그래서 그는 1326년 고려에 와서 금강산에 머물면서 계를 설하고, 통도사에 와서 금강계단을 참배하여 가사와 사리를 친견할 수 있는 공덕을 높이 평가했다. 아울러 지공은 고려에 들어올 때 「문수사리무생계경(文殊師利無生戒經)」을 가져왔다 하는데, 이와 동일한 경전으로 생각되는 「문수사리최상승무생계경(文殊師利最上乘無生戒經)」 목판본이 통도사 박물관에 보관되어 있다. 「무생계경」이란 "모든 중생이 유무(有無)와 성상(性相)에 집착하지 않고 수행하면 일체가 불생불멸(不生不滅)하다는 법리

(法理)를 증득할 수 있다”는 내용이다.

　지공은 나옹(懶翁) 혜근(惠勤)에게 영향을 주어 침체되어 가는 고려 불교에 활력을 주었다. 그들 사상의 단면을 보여 주는 ‘최상승 무생계법(最上乘無生戒法)’은 공(空)의 입장에서 계를 바라보는 것으로 반야의 이치에 따라 공의 도리를 체득하여 걸림이 없는 생활을 영위하는 데 있다.

　1377년과 1378년에 와서 계단은 큰 수난을 받게 되었다. 고려의 국력이 쇠약해지는 틈을 타 동해변에 왜적의 침탈이 번번해질 때였다. 당시의 통도사 주지스님이었던 월송(月松) 대사는 우왕 3년(1377)에 왜적이 내침하여 사리를 가져가려 하자 그것을 가지고 도망쳤다. 다시 1379년에 왜적이 사리를 침탈하려고 했을 때 월송 대사는 사리를 가지고 통도사를 빠져나와 서울까지 올라와야 했다. 이색(李穡)이 지은 「양주통도사석가여래사리기(梁州通度寺釋迦如來舍利記)」에 그때의 상황이 상세히 기록되어 있다.

조선시대의 금강계단

　1592년의 임진왜란으로 금강계단은 또다시 왜적에 의해서 큰 시련을 겪게 되었다. 왜적은 계단을 파괴하고 사리와 영골(靈骨)을 탈취했던 것이다. 그러나 불행중 다행히도 부산 동래에 사는 백옥(白玉) 거사가 왜인의 포로로 잡혔다가 그 사리와 영골을 가지고 도망쳐 나왔다. 그로부터 11년 뒤인 선조 36년(1603) 사명 대사(泗溟大師) 유정(惟政)은 왜적의 침탈을 염려하여 사리를 크고 작은 두 개의 함에 넣어 은사이신 금강산의 휴정 대사(休静大師)에게 보냈다. 그러나 휴정 스님은 "영남이 침해 당하고 있는 이 마당에 동해변에 있는 이곳 금강산도 안전하지 못하다. 영축산은 문수보살께서 친히 계단을 설치하라고 부촉한 장소이다. 계를 지키지 않는 자라면 그에게는 오직 금과 보배만이 관심의 대상일 것이고, 믿음의 보배인 사리가 목적이 아닐 것이니 옛날 계단 터를 수리하여 사리를 봉안하라"라고 하면서 한 함은 돌려보내고 나머지 함은 태백산(太白山) 갈반사(葛盤寺)에 봉안하게 했다. 이 갈반사는 오늘날의 정암사(浄岩寺)로 추정되는데, 이도 역시 5대 적멸보궁의 하나로 꼽히고 있다.

　사명 대사는 휴정 대사의 명을 받고 계단을 수리하여 사리를 안치하였다. 그 뒤 여러 번의 중수(重修)를 거쳐 오늘날의 모습으로 전해 오기까지 금강계단은 계율의 중심지로서 역할을 다해 왔다.

　통도사는 금강계단을 중심으로 하는 계율 도량임이 분명하나, 그렇다고 경과 논 그리고 선(禪)을 소홀히 하는 계율 일변의 사찰은 아니다. 율사뿐만 아니라 경과 논에 해박한 논사(論師), 선리(禪理)에 밝은 스님들이 빽빽이 들어 차 있어 실로 총림(叢林)이라 부를 만하다.

　근세에서 현대에 이르기까지 통도사를 거쳐간 뛰어난 스님들은 구하(九河), 경봉(鏡峰), 벽안(碧眼), 월하(月下) 등 무수히 많다.

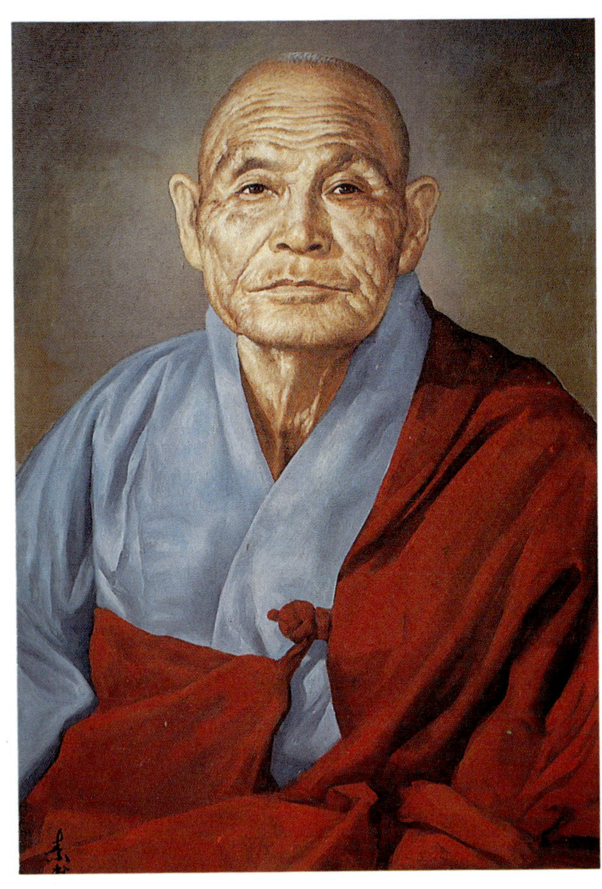

경봉 스님 진영 근세에서 현대에 이르기까지 통도사는 거쳐 간 뛰어난 스님들이 무수히 많으나 특히 경봉 스님은 통도사가 낳은 위대한 선사이다.

그 가운데 경봉 스님은 아직도 우리들의 뇌리에서 잊혀지지 않는 대선사이다. 그는 1927년 통도사의 13개 암자 가운데 선원(禪院)으로 유명한 극락암(極樂庵)에서 대오(大悟)하였다. 그 뒤로 스님은 그의 문하(門下)로 찾아오는 수많은 선승들을 지도하여 극락선원을 명실공히 한국에서 제일가는 선실(禪室)로 만들었다. 스님은 수행승이나 불교학자들에게는 엄격했지만 모든 자에게는 자상하여 공경을 받은 통도사가 낳은 위대한 선사였다.

통도사의 건축

건물의 배치

사찰의 배치는 일반적으로 평지에 있으면 평지 가람(平地伽藍), 산지에 있으면 산지 가람(山地伽藍), 산지도 평지도 아닌 곳에 있을 때는 구릉 가람(丘陵伽藍)이라 한다. 이러한 구분은 사찰이 어느 곳에 있느냐에 따라 달리 부르는 경우이며 그 안에서 탑이나 금당 그리고 여러 건물들이 서로 어떤 관계를 갖고 자리잡느냐에 따라 일탑일금당식(一塔一金堂式), 일탑삼금당식(一塔三金堂式), 쌍탑식(雙塔式), 무탑식(無塔式), 자유식(自由式) 등으로 구분한다. 또 다른 분류 방법은 건물들을 배치할 때 주축(主軸)이 동서 방향인지 남북 방향인지에 따라 동서 주축 배치, 남북 주축 배치(자오선축 배치) 등으로 구분한다.

통도사는 위에서의 구분 방법에 따르면 구릉식에 동서 주축으로 자유식이라 할 수 있다. 이때 자유식은 탑이 자유롭게 배치된 형식을 나타낸다. 그리고 동서 주축이지만 이 주축에 직교(直交)하는 남북 부축(南北副軸)이 있는 것이 통도사의 특징이다. 대웅전을

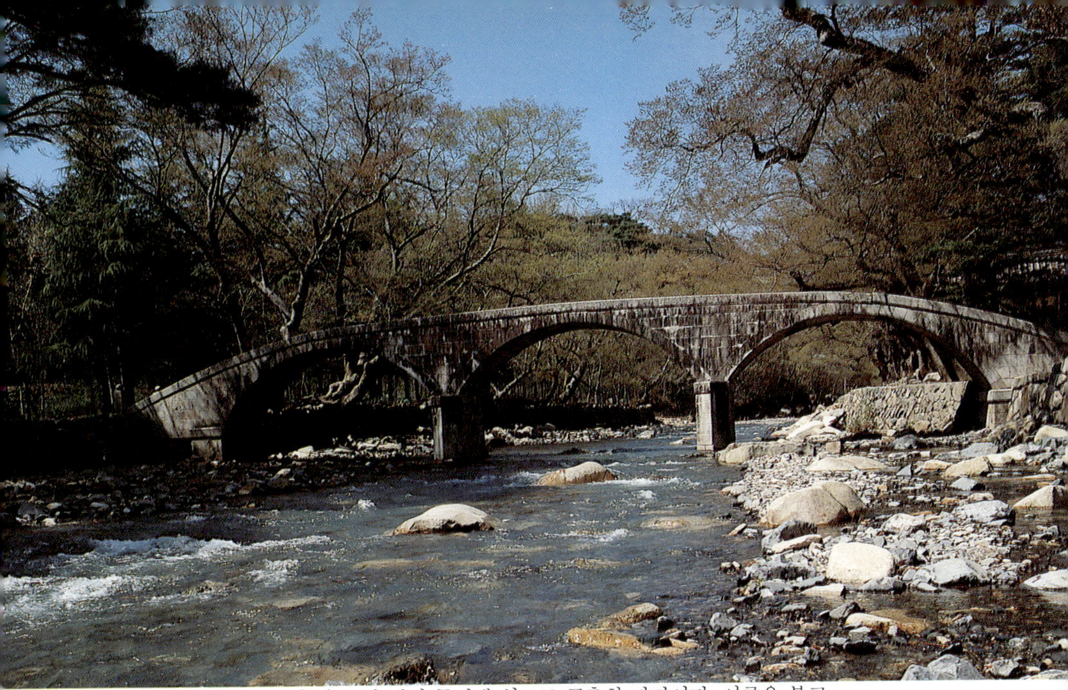

삼성 반월교　일주문 앞에 있는 세 개의 무지개 석교로 구축한 다리이다. 이름은 불교의 상징인 마음을 뜻한다.

지나는 부축이 있고, 대광명전을 지나는 부축, 영산전을 지나는 부축 등 주축 하나에 부축이 3개씩이나 있는 특이한 배치 형식이다.

통도사가 646년(선덕여왕 15)에 창건되어 오늘에 이르기까지 1300여 년 동안 경역(境域)의 확충, 건물들의 보수, 중수, 증축, 개수 등 수없이 많은 변화를 겪었다. 따라서 현존 건물들의 배치가 신라시대의 원형 그대로라고는 생각되지 않는다. 그러나 불당(佛堂) 배치에 있어 주축에 직교하는 부축의 중요 건물인 대웅전, 대광명전, 영산전 등을 보면 조선시대에 중건한 건물들이지만 초창된 것은 신라시대로 올라갈 수 있어 배치의 기본틀은 이미 창건 당시에 잡혀 있지 않았나 생각된다. 그러나 고려시대에 들어와 많은 전각들이 추보(追補)되므로 배치의 세부가 바뀌었고 조선시대에도 고려시대와 마찬가지로 사역(寺域)이 확충됨으로써 오늘날과 같은 포치

(布置)가 되었다.

현재의 통도사는 일주문에서 대웅전에 이르는 주축 위에 대웅전과 금강계단을 잇는 부축, 대광명전과 용화전, 관음전을 잇는 부축, 영산전과 만세루가 이어지는 부축 등이 전체 가람의 골격이 되어 이른바 직교형 배치 형식을 하고 있다. 따라서 부축에 의해 나누어지는 외적 공간은 서쪽으로부터 일주문 쪽의 동쪽 방향으로 상, 중, 하의 위계(位階)가 설정되어 상로전(上爐殿) 지역, 중로전(中爐殿) 지역, 하로전(下爐殿) 지역으로 나눌 수 있다. 이러한 동서의 주축에 남북의 부축 3개가 골격을 이루는 배치 형식은 다른 사찰에서는 보기 어려운 것이라 통도사 배치의 특성이다.

상로전 지역에는 금강계단이 중심이 되어 대웅전, 명부전, 응진전(나한전), 삼성각, 산령각 등이 주된 건물이며 종속(從屬)의 건물들이 주변에 포진하고 있다. 중로전 일곽은 대광명전을 비롯하여 용화전, 관음전, 해장보각 등과 종속 건물들이 있다. 상, 중로전은 입구인 불이문을 통해 들어갈 수 있으며 이 불이문은 상, 중로전과 하로전의 경계를 짓고 있다.

하로전은 영산전을 중심으로 앞쪽에 만세루가 있고 서쪽에 약사전, 동쪽에 극락보전이 있고 가람각이 천왕문 남쪽에 위치한다. 따라서 하로전은 천왕문과 불이문 사이의 공간을 차지하며 동으로부터 일주문을 통과하여 천왕문과 불이문을 거쳐 상로전의 정점인 금강계단에 이르도록 하였는데 상, 중, 하로전의 구역과 구역 사이에는 적당한 크기의 구역 중정(中庭)을 두어 외부 공간과 건물의 조화를 이루도록 하였다.

이렇듯 통도사 어느 구역에서도 대칭의 배치를 볼 수 없는 것이 가장 큰 특징이다. 스님들의 거처인 요사(寮舍)는 지형 조건에 맞추어 남쪽과 북쪽에 두어 주동선(主動線)이나 부동선(副動線)에 걸리지 않도록 자리잡고 있다.

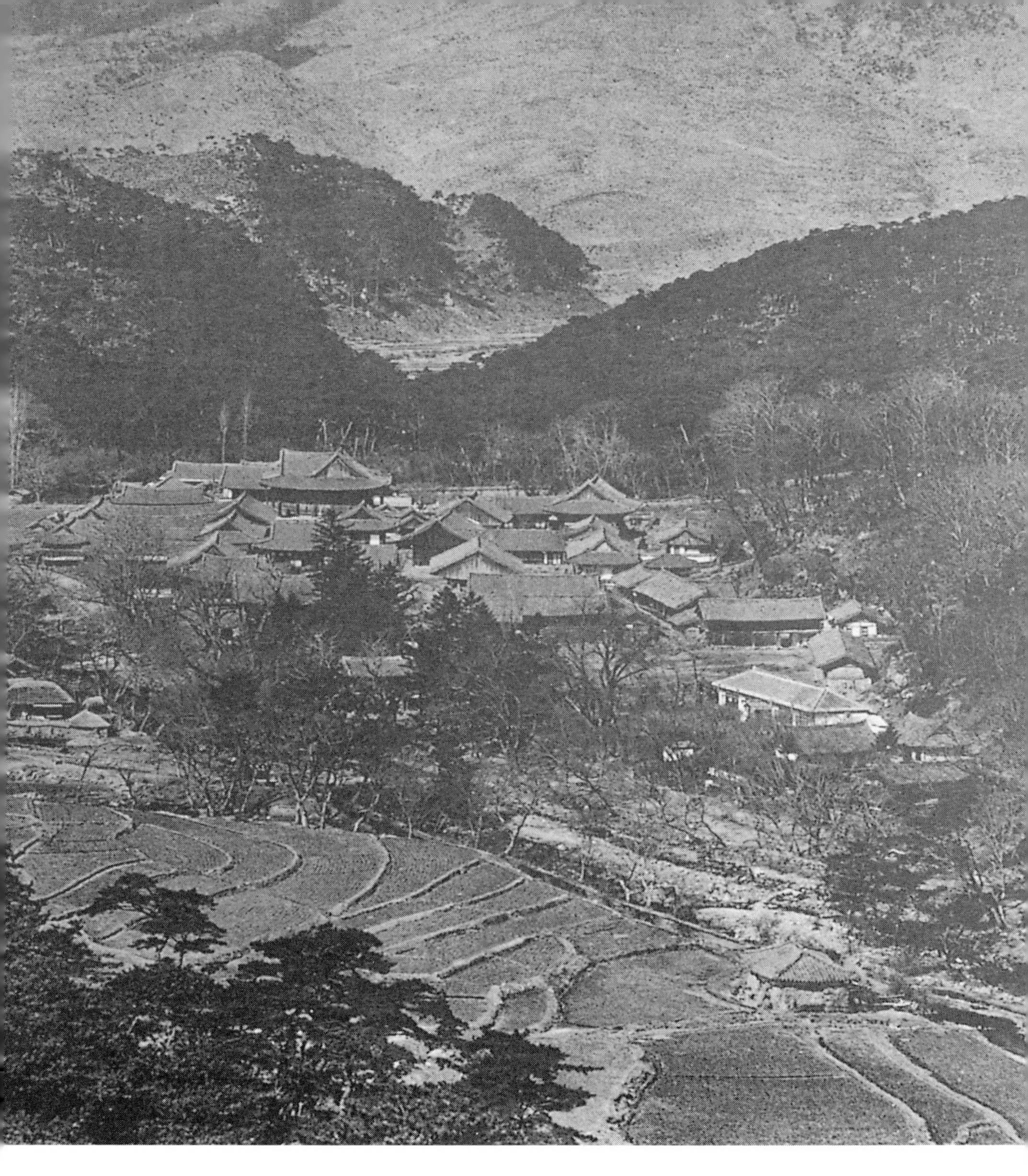

조선시대의 통도사 전경 통도사가 646년(선덕여왕 15)에 창건되어 오늘에 이르
기까지 1300여 년 동안 경역의 확충, 건물들의 보수, 중수, 증축 등 수없이 많은
변화를 겪었다.

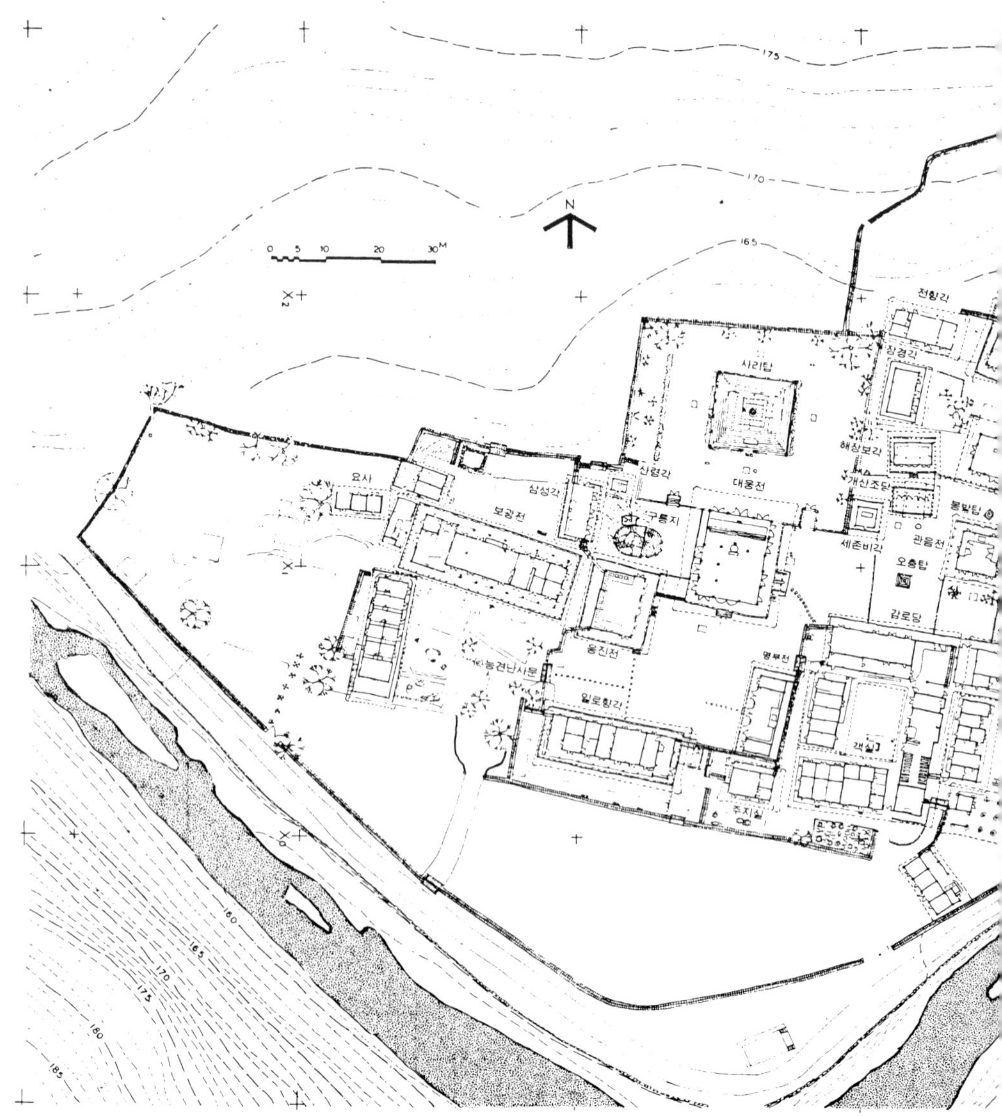
N
0 5 10   20   30M
전향각
장경각
사리탑
해장보각
개산조당
산령각
대웅전
보광전
삼성각
봉발탑
구룡지
세존비각
관음전
오층탑
응진전
감로당
능견난사문
명부전
일로향각
객실
주지실
요사

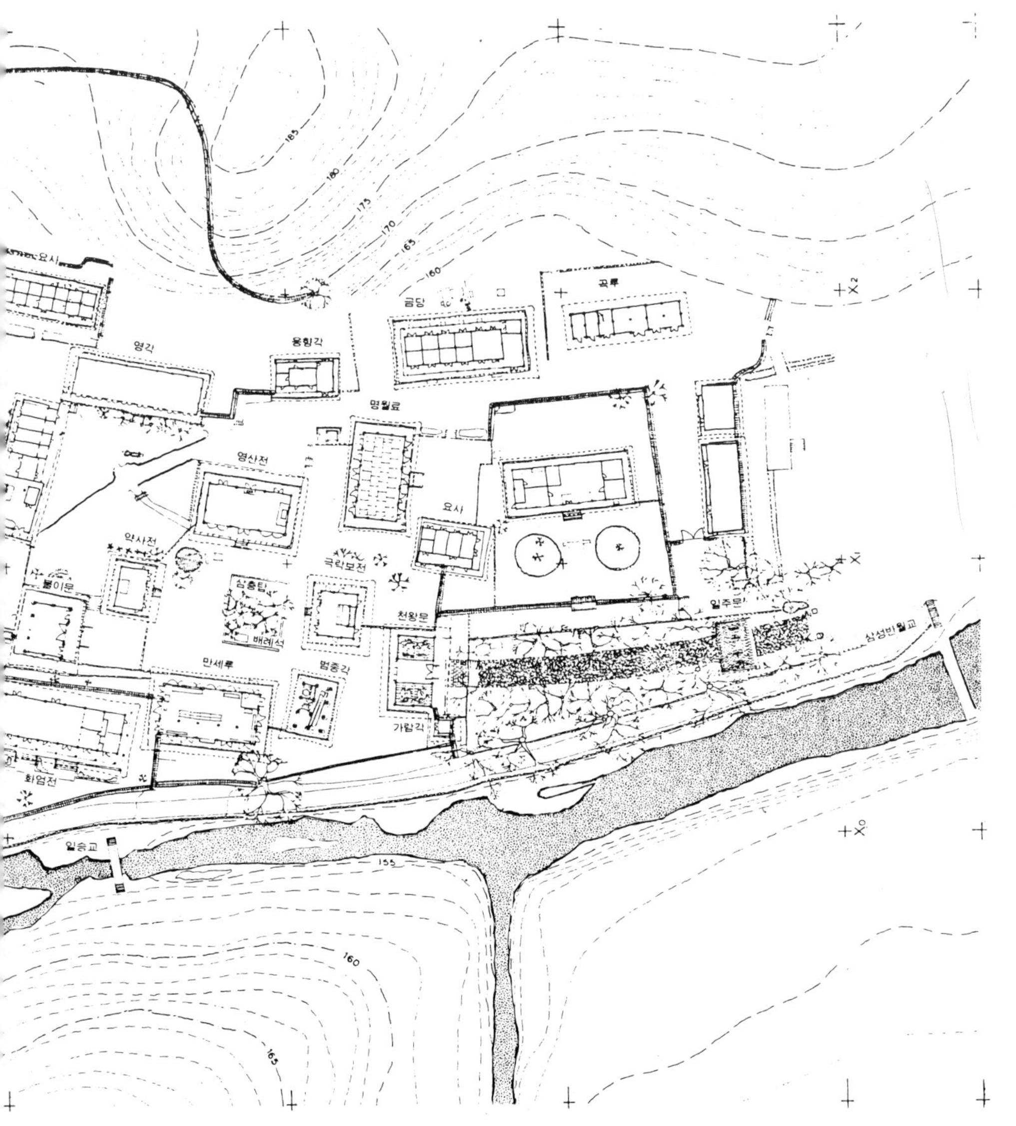

요사
영각
용화각
금당
곡루
명월료
영산전
요사
약사전
극락보전
불이문
삼층탑
천왕문
일주문
삼성반월교
배례석
만세루
범종각
가람각
화엄전
일승교

상로전 건물

대웅전(大雄殿)

이 법당은 통도사의 중심 건물로 상로전의 주건물(主建物)이다.
건물의 평면은 정면 3칸, 측면 5칸의 규모로 되어 모두 15칸 건물인
데 특이한 것은 두 개의 건물을 복합시킨 평면형이라 건물 내부의
기둥 배치가 다른 건물에서는 찾아볼 수 없는 예이다.

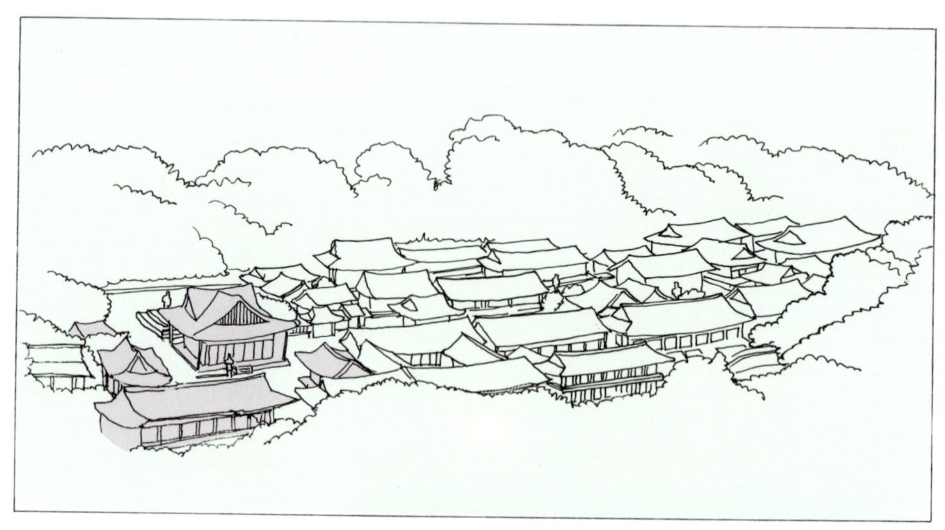

상로전 대웅전, 응진전, 명부전, 삼성
각, 산령각, 일로향각이 있다.

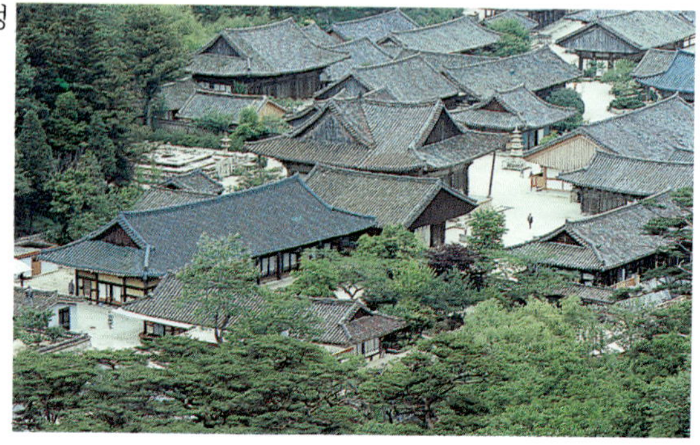

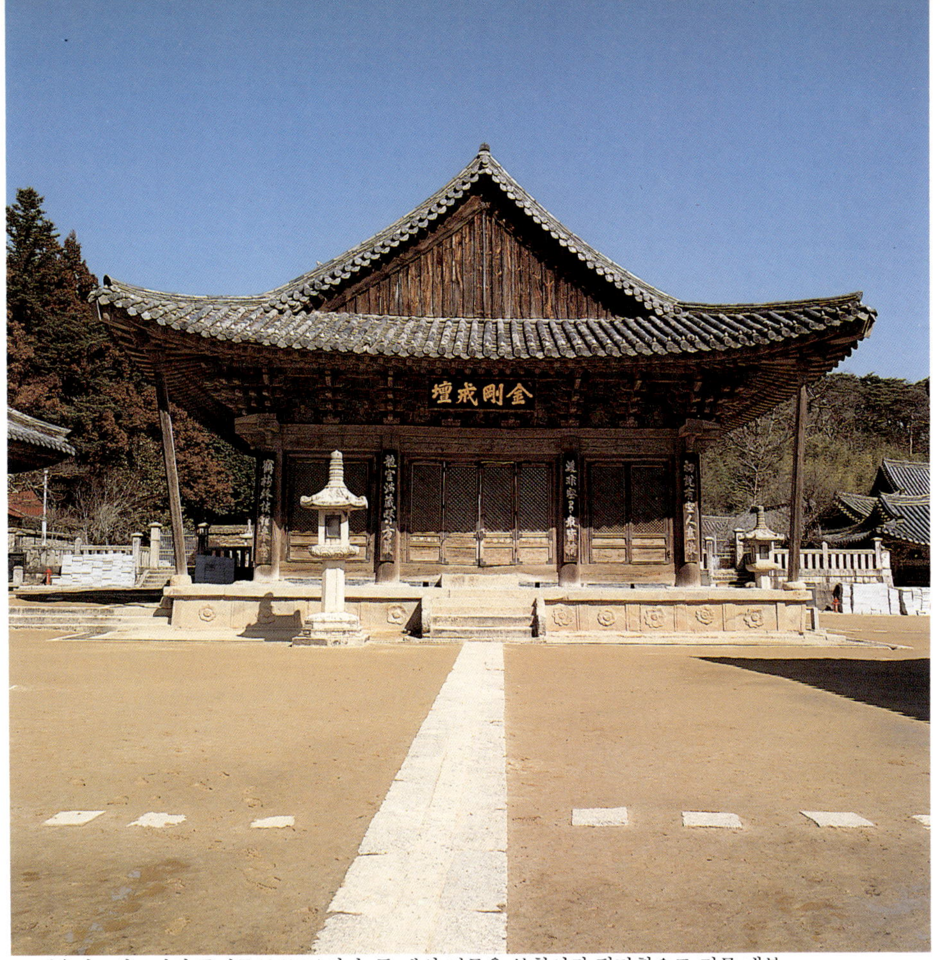

대웅전　상로전의 주건물(主建物)이다. 두 개의 건물을 복합시킨 평면형으로 건물 내부
의 기둥 배치가 다른 건물에서는 찾아볼 수 없는 예이다.

　　전면 쪽에는 동향한 3칸 방형 건물이 있고 뒤쪽에는 남향의 3
칸, 2칸 장방형 평면이 전면 쪽 건물에 붙어 있는 형식을 취하고
있다. 이러한 내용은 기둥의 배치에서 곧바로 알 수 있으며 지붕의
모양을 통해서도 알 수 있다. 현재의 건물은 임진왜란 때 소실된
것을 1644년(인조 22)에 중건하였지만 건물의 기단은 신라시대의
것으로 생각된다.

기단의 형식을 보면 지대석, 면석, 갑석 등을 조립한 가구식(架構式) 기단이며 석계(石階)의 배치는 원래부터 현존의 건물과 같은 평면형이었을 것으로 생각된다. 계단의 위치를 보아도 평면의 합성(合成) 형식을 엿볼 수 있다.

이 불당은 내부에 불상을 모시지 않은 것이 특이한데 불상 대신 진신사리를 모신 것이다. 그런데 이곳의 진신사리는 대웅전 북쪽의 금강계단에 모셔졌으므로 대웅전은 부처님이 없는 배전(拜殿)의 기능만을 갖고 있다. 불당 내부에는 북쪽에 동서로 길게 불단(佛壇)만이 있고 그 앞쪽 중앙에 설법상(說法床)이 있어 대덕 승려(大德僧侶)가 설법할 때 사용한다.

건물 구조 형식을 보면 공포(栱包)는 다포식(多包式)으로 외3출내4출목(外三出內四出目)으로 7포작(七包作)이다. 외부는 모두 쇠서(牛舌)형으로 되고 내부는 교두(翹頭)형으로 되었다. 가구는 1고주 9량가(一高柱九樑架) 형식으로 하여 대량, 중종량, 종량이 지붕 구조를 받도록 되었다. 천장은 우물천장인데 층급(層級)을 두어 중심부를 가장 높게 처리하였고 내부 바닥은 우물마루를 깔았다.

지붕은 팔작지붕의 복합형인 T자형인데 정면과 양측면에 박공(朴工) 부분이 보이게 하여 특이하며 기와 가운데에는 철제 기와도 올려져 있어 놀라움을 느끼게까지 한다. 지붕 정상에는 청동 보주(靑銅寶珠)를 올려 찰간대(刹竿臺) 역할을 하고 있다.

이 대웅전에는 건물 사면에 편액을 걸었는데 동쪽이 대웅전, 서쪽이 대방광전, 남쪽이 금강계단, 북쪽이 적멸보궁이라고 했다.

이 건물은 조선 중기 불당 건축의 특수형으로 불당 연구 및 목조 건축 연구에 귀중한 자료로 주목받고 있다. 현재 국가 지정 보물 144호로 보호받고 있다.

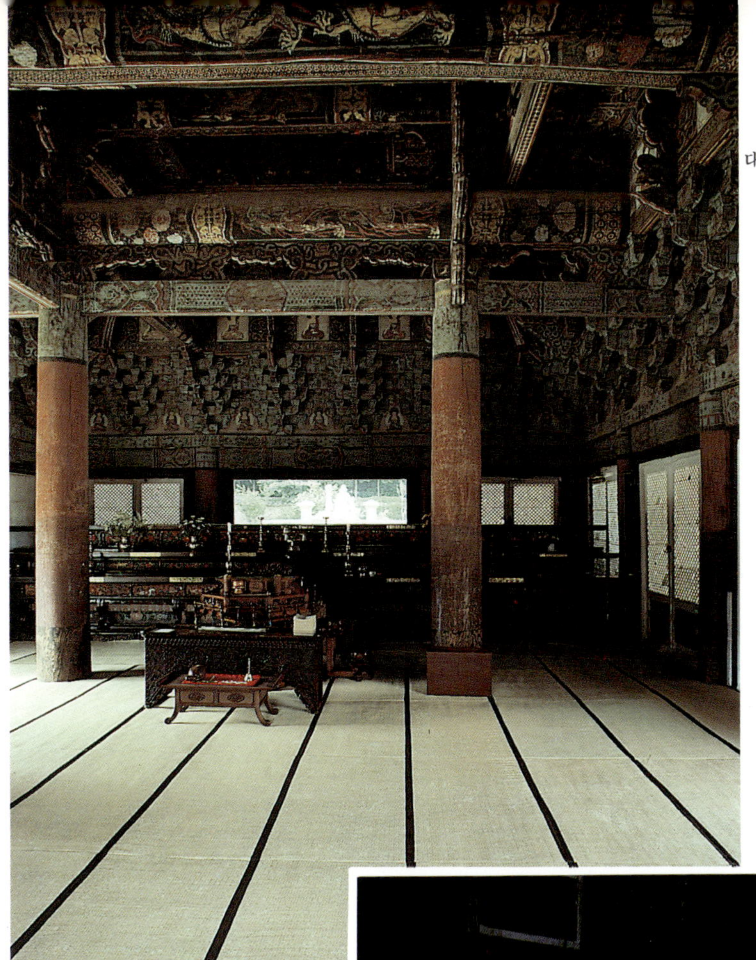

대웅전 내부 대웅전
북쪽에 있는 금강계
단에 진신사리를
모셨기 때문에 불상
이 없는 것이 특이하
다.

대웅전 돌계단 동쪽과 남쪽에 계단을
내고 소맷돌에 연화문을 새겨 돌계단의
아름다움을 더해 주고 있다.

응진전(應眞殿)

응진전은 대웅전 서남쪽에 동향(東向)한 불당으로 1677년(숙종 3)에 지섬 대사(智暹大師)가 창건하였다고 전한다. 현존의 건물은 원래의 것인지 확실하지 않으나 조선 중기 이후 여러 차례 중수된 것으로 생각된다. 건물의 형식은 정면 3칸, 측면 3칸의 주심포식(柱心包式) 맞배집으로 비교적 간결하지만 주심포 형식으로 된 공포는 다포식을 많이 수용한 절충식이다.

불당 내부에는 중앙에 석가여래와 좌우에 미륵보살과 제화갈라보살상이 봉안되었고 그 주변에는 16나한상과 범천 및 제석천왕상을 좌우에 모셔 과거, 현재, 미래의 삼세불과 함께 16제자상을 봉안한 셈이다. 곧 미륵보살은 석가여래의 일생보처(一生補處;다음 생에 성불하여 부처가 될 보살)이고 제화갈라보살은 과거불이기 때문이다. 응진전은 나한전(羅漢殿)이라고도 하는데 이는 나한이 범어(梵語)의 아라하트(Arahat)를 한자로 음역한 것으로서 그 뜻은 중생의 공양에 응할 만한 수행이 있다는 뜻인 '응공(應供)' 또는 진리에 응하여 남을 깨우친다는 뜻에서 '응진'이라고도 하기 때문이다.

명부전(冥府殿)

명부전은 대웅전의 동남쪽에 서향하고 있다. 창건 시기는 1369년(공민왕 18)이라 전하고 있으며 현재의 건물은 통도사 사적비(事蹟碑)에 의하면 1760년(영조 36) 춘파 대사(春波大師)에 의해 개건(改建)되었다고 한다. 그러나 1887년(고종 24) 화재가 발생, 다음해인 1888년 호성 대사(虎惺大師)가 중건(重建)한 것으로 '명부전 중수기'에 기록되어 있다.

이 건물은 정면 5칸, 측면 2칸의 긴 장방형 평면으로 양 측칸 2칸씩이 별도 공간으로 되어 있다. 중앙의 6칸에는 지장보살상(地藏菩薩像)을 비롯하여 십대왕(十大王)을 봉안하였고 시왕의 탱화(幀

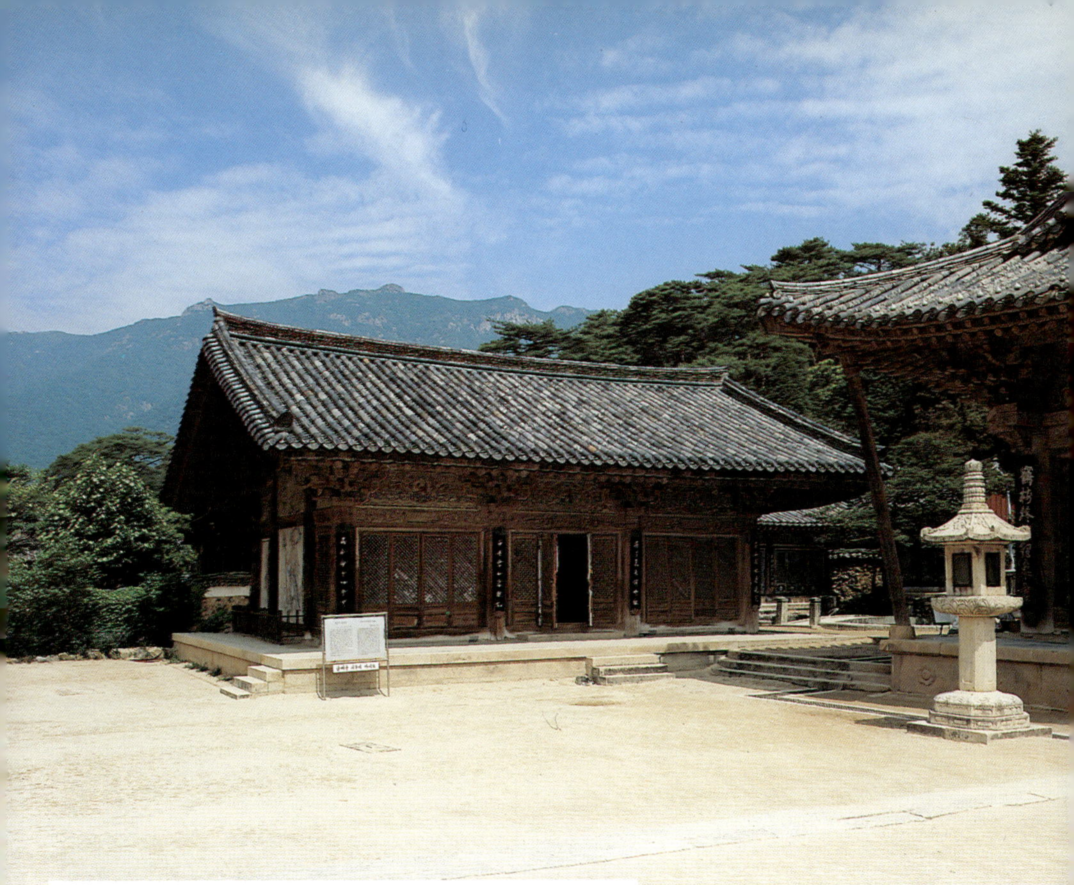

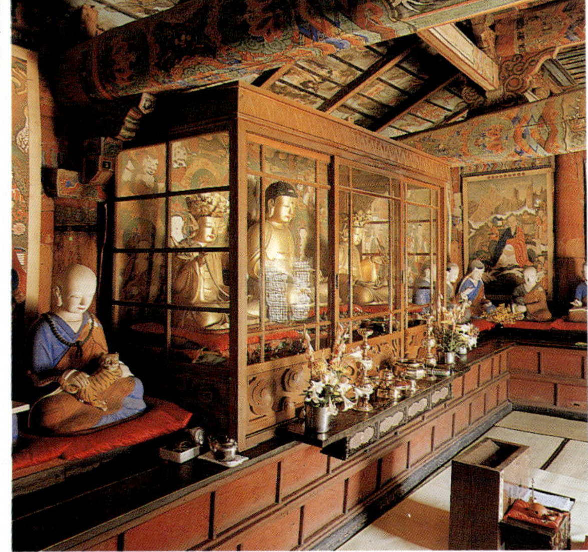

응진전 대웅전 서남쪽에 동향한 불당으로 1677년에 지섬 대사가 창건하였다고 전한다.(위)

응진전 내부 중앙에 석가여래와 좌우에 미륵보살과 제화갈라 보살상이 봉안되었고 그 주변에는 16나한상과 범천 및 제석천왕을 좌우에 모셨다.(왼쪽)

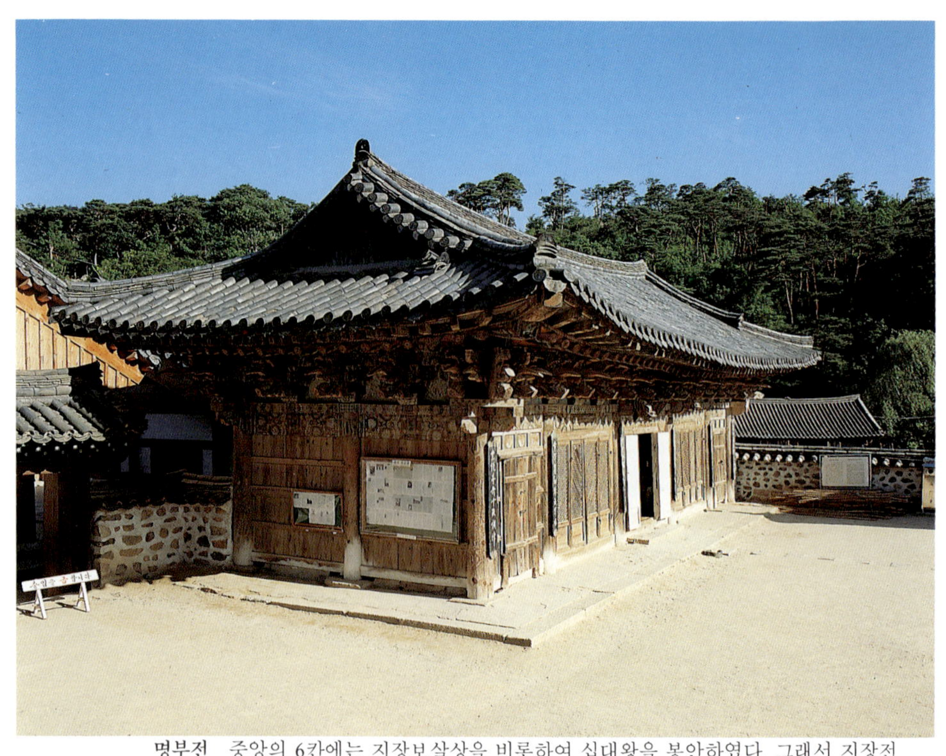

명부전 중앙의 6칸에는 지장보살상을 비롯하여 십대왕을 봉안하였다. 그래서 지장전이라고도 한다.

畫)를 모셨으나 탱화는 경내 성보박물관으로 옮겨졌다.

명부전의 '명부'라는 말은 저승 곧 지옥 세계를 의미한다. 또한 명부전을 지장전(地藏殿)이라고도 하는데 이는 명부의 주인이 지장보살이기 때문이다. 그러한 까닭에 명부전의 경우 시왕탱화가 이 전각의 성격을 잘 나타내 준다. 곧 각 대왕의 주변에는 죄인의 죄목을 살피고 있는 여러 대신들의 모습이 있고 그 아래에는 죄인들의 고통받는 모습이 생생하게 그려져 있다.

이 건물은 건축 양식상 다포식 팔작집으로 특별한 특징은 없으나 19세기 말의 명부전 양식의 한 예로 문화재적 가치가 있다.

삼성각(三聖閣)

삼성각은 구룡지 서쪽에 동향하고 있는데 구룡지를 중심으로 산령각과 응진전 사이에 자리하고 있다. 이 건물은 1870년(고종 7) 영인 대사(靈印大師)에 의해 이룩되었고 현재의 건물은 1935년 경봉 대사(鏡峰大師)가 중건하였다.

건물 형식은 정면 3칸, 측면 단칸의 작은 건물로 주심포계 익공식(翼工式) 맞배집이다. 전면 3칸은 모두 4분합문을 설치하고 전칸 개방하였다. 건물 내부에는 중앙에 삼성탱을 안치하고 그 오른쪽에는 칠성탱, 왼쪽에는 독성탱을 안치시켜 복합적 기능으로 사용하고 있다.

삼성은 지공(指空)과 나옹, 무학(無學)의 3대 화상(三大和尙)으로 고려시대 이래 존중받는 고승들이다. 칠성은 북두칠성을 말하는데 이는 주군(主君)으로 인간의 복과 명을 맡고 있다. 독성은 나반존자(那畔尊者)라고도 하는데 12인연(因緣)의 이치를 홀로 깨달아 성인의 지위에 올라 독성이라 한다. 그러므로 이 건물에는 삼성의 추앙말고도 인간의 수복(壽福)과 이치의 깨달음을 기원하는 법당의 구실도 한다.

산령각(山靈閣)

산령각(산신각)은 삼성각의 동북쪽에 거의 붙어 있다. 정면과 측면이 단칸으로 남향하고 있는 아주 작은 건물로 맞배집이다. 처음의 건립은 1761년(영조 37)이지만 현재의 건물은 1986년 소실 뒤에 곧바로 지은 것이다. 건물은 최근의 것이기 때문에 별다른 특징이 없다.

건물 내부에는 일반적으로 산신탱을 안치한다. 산신은 옆에 호랑이를 거느리고 있어 산신과 호랑이는 밀접한 관계가 있는 듯하다. 우리나라에 불교가 전래된 이후 1600여 년이 흐르면서 불교는 토속

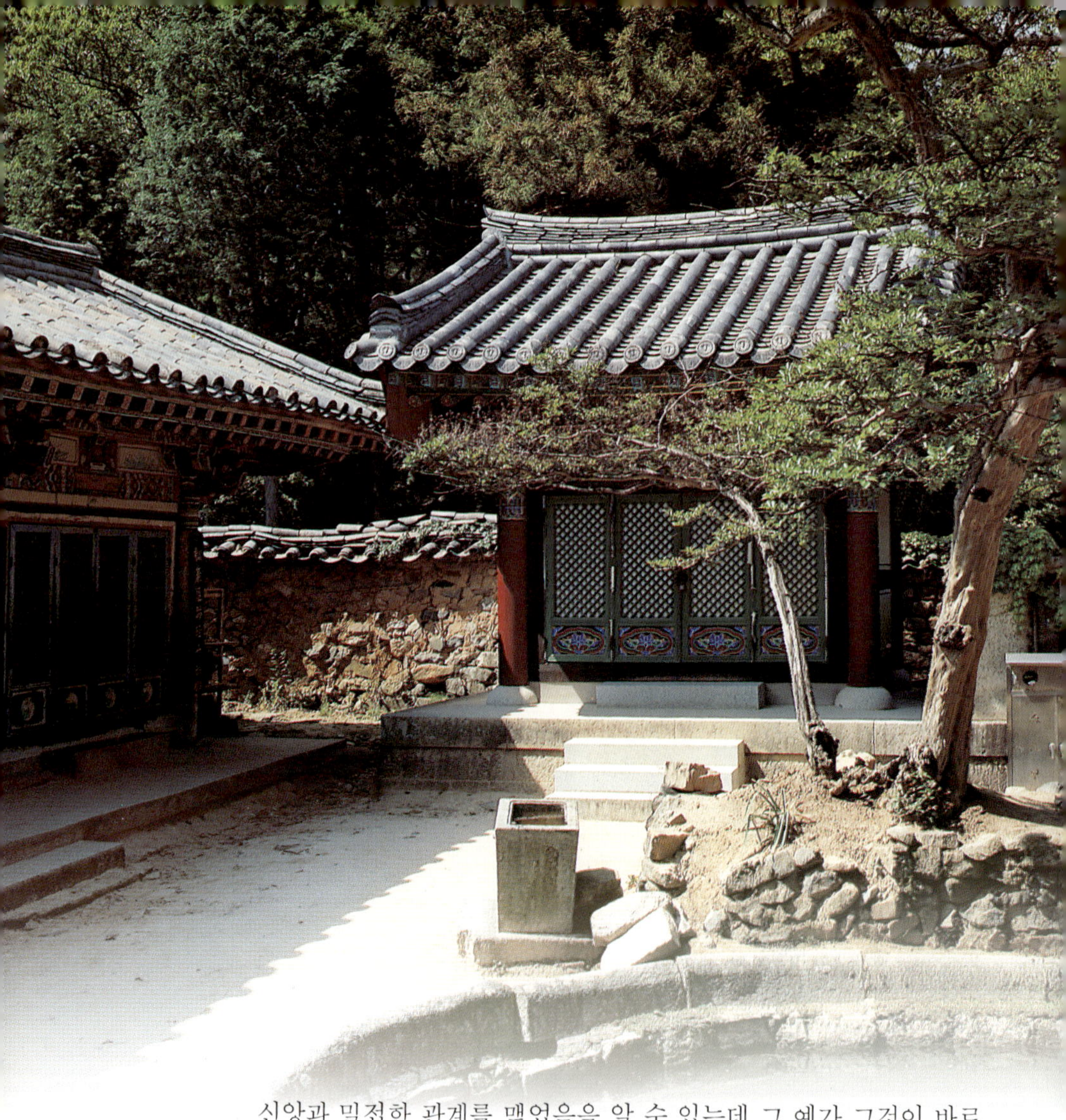

신앙과 밀접한 관계를 맺었음을 알 수 있는데 그 예가 그것이 바로
사찰 안의 산신각이나 칠성각 등이다. 산신은 산악 숭배 사상에서
나왔고, 칠성은 도교 신앙과 관련이 깊은데 이러한 것들이 두드러지
게 나타나는 것이 조선시대라 할 수 있다. 그러나 전(殿)이란 명칭
을 쓰지 않고 대개 각(閣)이라는 명칭을 쓰고 있다. 산신각은 불교
와 토속 신앙이 융합되어 있는 좋은 예라 할 수 있다.

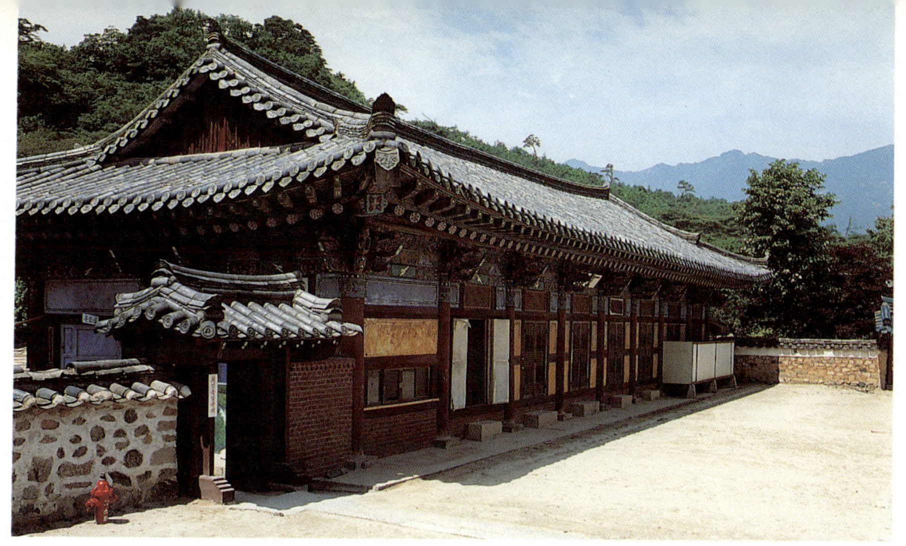

일로향각 이 건물은 상로전을 관리하는 노전(爐殿) 건물로 대웅전과 응진전의 남쪽에
위치한다. (위)
삼성각과 산령각 구룡지를 중심으로 왼쪽은 삼성각이며 위쪽은 산령각이다. (옆면)

일로향각(一爐香閣)

이 건물은 상로전을 관리하는 노전(爐殿) 건물로 대웅전과 응진
전의 남쪽에 위치한다. 원래는 1757년(영조 33)에 범음 대사(梵音
大師)가 창건하였다고 전하며 현재의 건물은 1968년 청하 화상
(清霞和尚)이 그 자리에 중건한 것이다.

건물은 정면 8칸, 측면 3칸으로 남향한 팔작집이며 전면에 툇마루
를 두고 서쪽 끝 2칸은 마루, 동쪽 끝 3칸은 부엌, 나머지 공간은
단칸, 2칸, 4칸의 크고 작은 온돌방으로 되었다.

초창 시기의 건물은 어떠하였는지 확실치 않으나 고방(庫房)이
있었다고 하며 이 고방에는 향목(香木)을 쌓아 두고 불전(佛前)
공양을 지을 때 이 나무를 사용하였다고 전하므로 부처님 공양은
향나무로 지었음을 알 수 있다. 사명 대사가 향적전(香積殿)을 지었
다고 하는데 이 일로향각이 바로 향나무를 쌓았던 노전으로 생각
된다.

중로전 건물

대광명전(大光明殿)

이 불전은 중로전의 중심 건물로 대웅전의 서북쪽에 위치한다. 대광명전 앞에는 용화전, 관음전이 자리잡고 있으며 서쪽으로 전향각, 장경각, 개산조당, 세존비각 등이 있고 이들 건물 앞에 5층석탑이 서 있다.

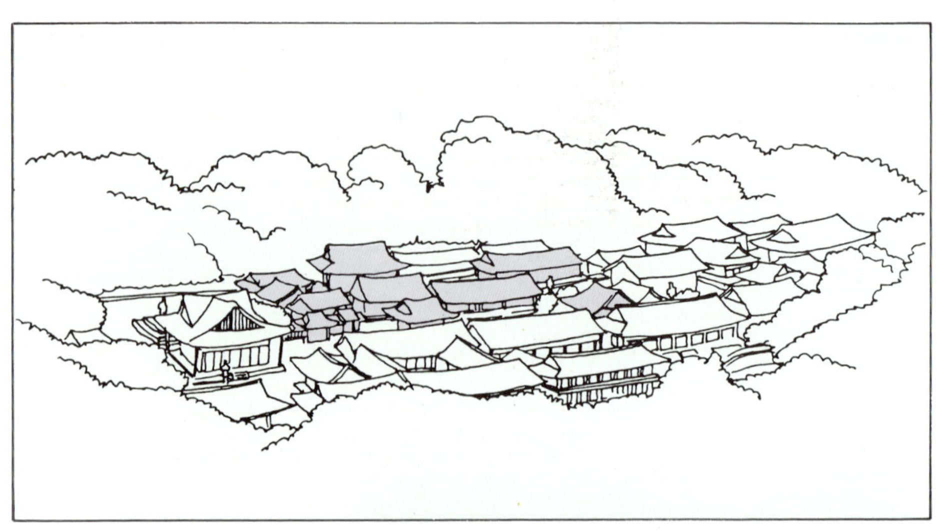

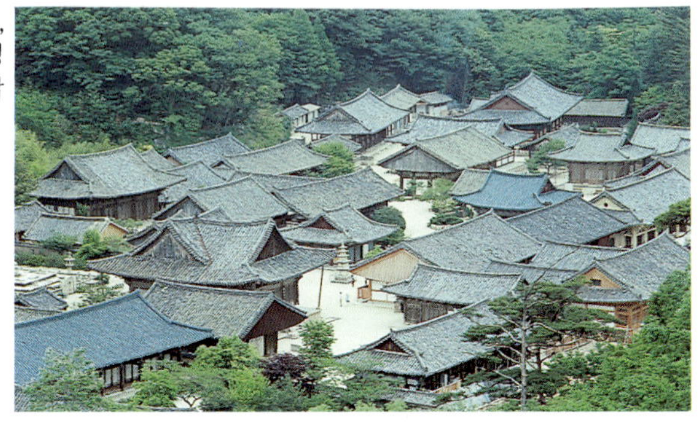

중로전 대광명전, 용화전, 관음전, 개산조당과 해장보각, 전향각, 장경각, 세존비각, 황화각, 불이문, 영각이 있다.

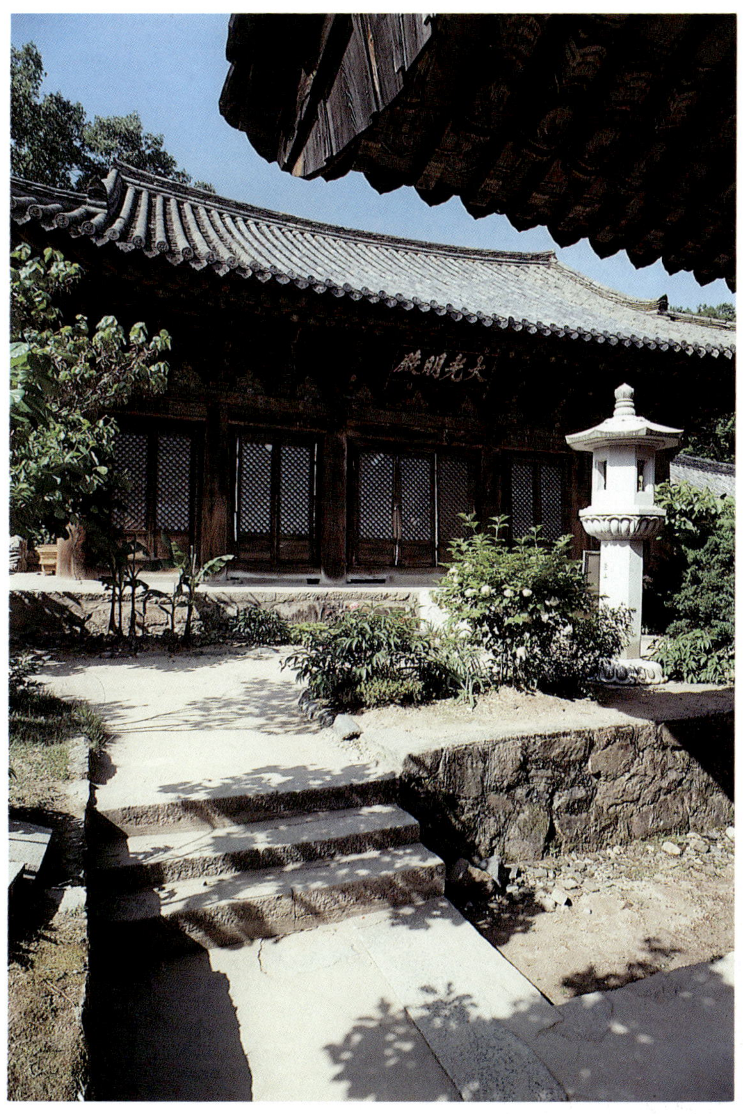

대광명전 중로전의 중심 건물로서 정면 5칸, 측면 3칸의 다포식 팔작집이며 비로자나불을 주존으로 하고 있다.

대광명전은 사전(寺傳)에 의하면 1725년(영조 원년)에 축환 대사
(竺環大師)가 중수하였다고 하나 실제 건립 연대가 언제인지는 확실
하지 않다. 이 건물은 정면 5칸, 측면 3칸의 다포식 팔작집으로 내부
에는 뒤쪽에 고주(高柱)가 세워져 있으며 비로자나불(毘盧遮那佛)
을 안치하고 있다. 비로자나(Vairocana)는 광명 편조(光明遍照)라는
뜻을 지니고 있으므로 이 불전을 대광명전이라 했다. 흔히는 비로자
나불을 모셨을 때 비로전(毘盧殿)이라 편액하기도 한다.

건물은 비교적 건실하며 조선 중기의 특징을 잘 나타내고 있다.
공포에서의 첨차(檐遮) 곡선이라든가 창방(昌枋) 뺄목의 초화문
(草花紋), 용두(龍頭)의 장식성 등이 조선 중기의 감각을 잘 보여
준다. 기둥 위에 얹은 다포식 공포는 외3출 내4출목, 외7포 내9포작
으로 위에 대들보를 얹고 그 위부터 지붕 가구를 결구하였는데 상부
는 중수 때에 많이 변형된 것 같다. 천장은 층급 우물천장이며 1고
주 7량 가구(一高柱七樑架構) 형식을 취하고 있다.

용화전(龍華殿)

용화전은 대광명전과 관음전 사이에 위치하며 정면 3칸, 측면
3칸의 맞배집으로 1369년(공민왕 18)에 초창되었으나 현재의 건물
은 1725년(영조 원년)에 청성 대사(淸性大師)에 의해 중건되었다고
한다.

건물 안에는 약 2미터 정도의 미륵불 좌상을 봉안하였다. 이 불당
의 특징은 건물 측면 중앙칸에 문짝을 단 것이며 공포의 구성도
다른 건물에서 흔히 볼 수 없는 특이한 형식을 갖추고 있다. 곧 안쪽
공포를 5출목 형식으로 천장 높이까지 공포가 짜여져 11포의 화려
한 공포 구성을 이루고 있다.

이 용화전 앞에는 높이 약 2.5미터의 석조 봉발(石造奉鉢)이 있
다. 이 석조물은 지대석 위에 하대석을 놓고 그 위에 부등형 8각

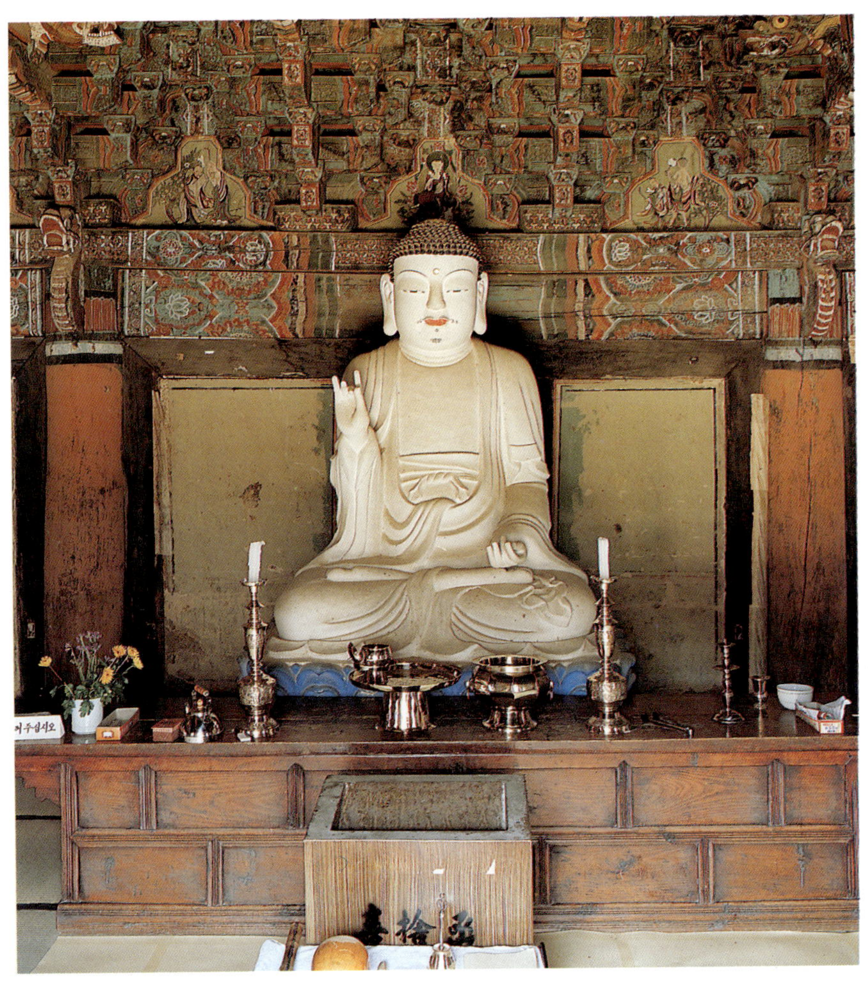

용화전 내부 미륵불 좌상을 봉안한 이 전의 특징은 안쪽 공포를 5출목 형식으로 천장
높이까지 짜여져 11포의 화려한 공포 구성을 이루고 있다.

간석(竿石)을 세우고 간석 위에 상대석을 놓았으며 그 위에 뚜껑을 갖춘 발(鉢)을 올려 놓았다. 얼핏 보기에는 석등과 같은 형식을 취하고 있으나 석등의 화사석(火舍石) 위치에 발이 놓여 있어 특이하다. 이 석조 봉발은 "석가모니의 발우(鉢盂)를 미래세에 출현하실 미륵불에게 드리기 위해 부처님의 상수제자(上首弟子)인 가섭존자(伽葉尊者)가 발우와 함께 가사를 가지고 인도의 계족산(鷄足山)에서 멸진정(滅盡定)에 들어 기다리고 있다"는 불경의 내용에서 유래된 것으로 본다.

이와 같은 석조 발우는 꼭 같지는 않지만 보은 법주사 경내의 희견보살상이 머리에 이고 있는 석조발과 같은 형식이 아닌가 생각된다. 법주사의 봉발도 원래는 용화전 앞에 놓여 있었을 것으로 생각된다.

관음전(觀音殿)

관음전은 용화전 앞에 위치한다. 곧 중로전의 중심 법당인 대광명전, 용화전, 관음전 가운데서 제일 앞쪽에 자리잡고 있다. 이 불전은 1725년(영조 원년) 용암 대사(龍岩大師)에 의해 창건되었고 그 뒤 여러 번 중수되어 오늘에 이르고 있다.

이 건물은 정면 3칸, 측면 3칸의 정방형 평면을 취하고 있으며 다포계 주심포식 양식의 팔작집이다. 건물 내부에는 관세음보살상을 안치하였으며 내부 벽화에는 보타락가산(補陀洛迦山)에 계신 관음의 모습과 남순 동자(南巡童子)의 형상, 32응신(應身)을 상징하는 여러 형태의 관음상을 표현한 벽화들이 있다.

개산조당(開山祖堂)과 해장보각(海藏寶閣)

개산조당과 해장보각은 용화전의 서쪽에 위치한다. 개산조당이라는 현판이 붙은 건물은 해장보각의 조사문(祖師門)으로서 솟을삼문 형식이며 해장보각은 자장 율사의 영정을 봉안한 조사당이다.

이 건물들의 초창은 1727년(영조 3)이며 그 뒤 여러 차례의 중수가 있었고 현재의 건물은 1900년(고종 4) 고산 대사(古山大師)가 크게 수리한 뒤의 모습이다.

해장보각은 정면 3칸, 측면 2칸의 맞배집으로 앞쪽에 툇간을 달은 형식을 취하고 있어 내부 앞쪽에 내진 기둥이 배치되어 있다. 건물 내부에는 자장 율사의 영정이 봉안되어 있고 그 주변에는 고려대장경 1234권을 봉안하고 있다.

해장보각이라는 전각 이름은 불경의 보관처를 용궁(龍宮)에 두었다는 뜻을 상징하기도 하고, 대장경의 내용이 바닷속의 수많은 보배와 같다는 뜻에서 붙여진 이름이다. 곧 용궁해장(龍宮海藏)에서 유래된 것으로 생각된다.

개산조당이란 현판이 붙은 건물은 해장보궁으로 통하는 문의 기능을 가진 건물로 3칸 건물인데 중앙칸이 양측면 칸보다 높게 솟아 솟을삼문이라 한다. 3칸 모두에 두 쪽의 널문을 달아 여닫을 수 있도록 하였으며 건물 형식은 조선시대 말기의 수법으로 일반적으로 볼 수 있는 사당(祠堂)의 솟을삼문과 같다.

전향각(篆香閣)

전향각은 대광명전 서쪽 가까이에 위치하고 있다. 이 건물은 중로전의 네 법당을 관리하는 노전으로 불전에 분수(焚修;향불을 피우고 도를 닦음)하는 스님들의 거처 공간이다. 따라서 스님들의 주거 공간이면서도 일반 요사와는 다른 성격의 건물임을 알 수 있다.

건물은 정면 4칸, 측면 2칸으로 방과 부엌으로 구성된 팔작집이다. 이 건물은 1757년(영조 33) 처음으로 지었으며 현재의 건물은 1930년 설암 화상(雪岩和尙)이 중수한 것이다.

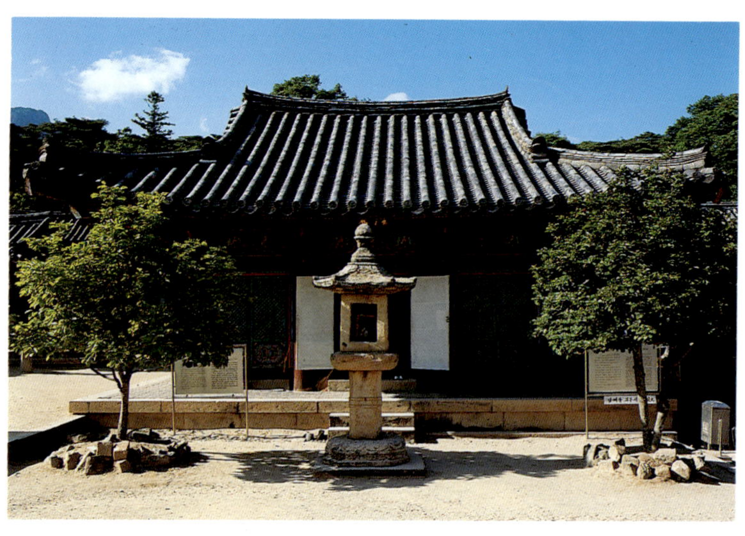

관음전 관음전은 다포계 주심포식 양식의 팔작집으로 내부에는 관세음보살상을
안치하고 있다.(위)
개산조당 개산조당은 해장보궁으로 통하는 문의 기능을 가진 건물이다. 가운뎃
칸이 양쪽 칸보다 높게 솟아 있어 솟을삼문이라 한다.(아래)

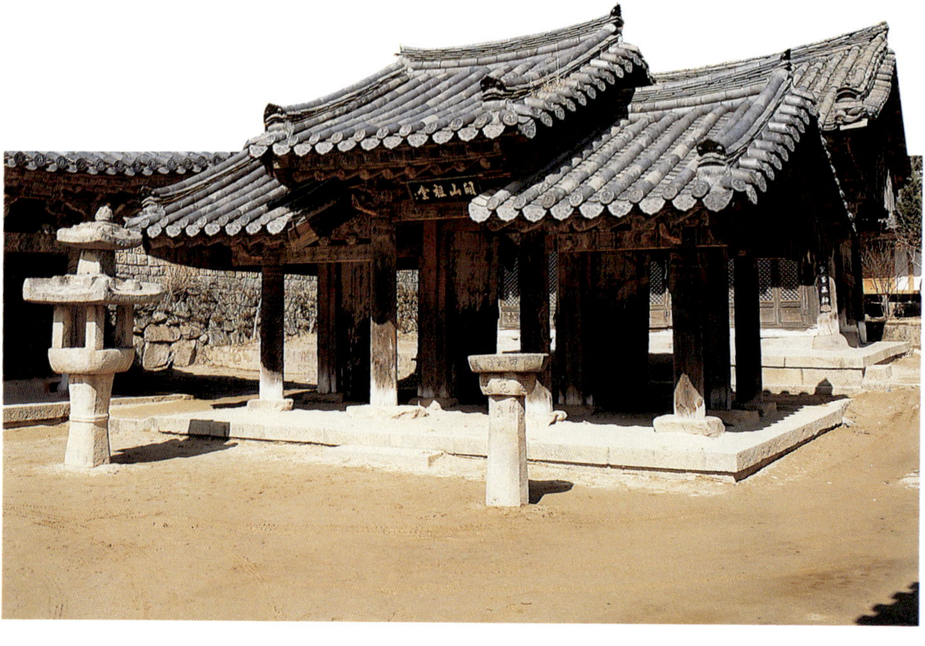

장경각(藏經閣)

장경각은 해장보각 바로 뒤쪽에 동향하여 있다. 이 건물 안에는 목판 장경을 봉안하고 있는데 이들 목판 대장경은 강원(講院)의 현행 교과 과정에 들어 있는 중요 경전들로「능엄경(楞嚴經)」「기신론(起信論, 賢首疏)」「금강경오가해(金剛經五家解)」「법수(法數)」「사집(四集)」등 15종의 경판이 있다.

건물은 정면 3칸, 측면 단칸으로 맞배집인데 주심포식 양식으로 야트막한 기단 위에 자리잡고 있다. 초창 및 중수 연대는 확실치 않으나 주변 건물들과 비교해 18세기 이후의 건물로 생각된다.

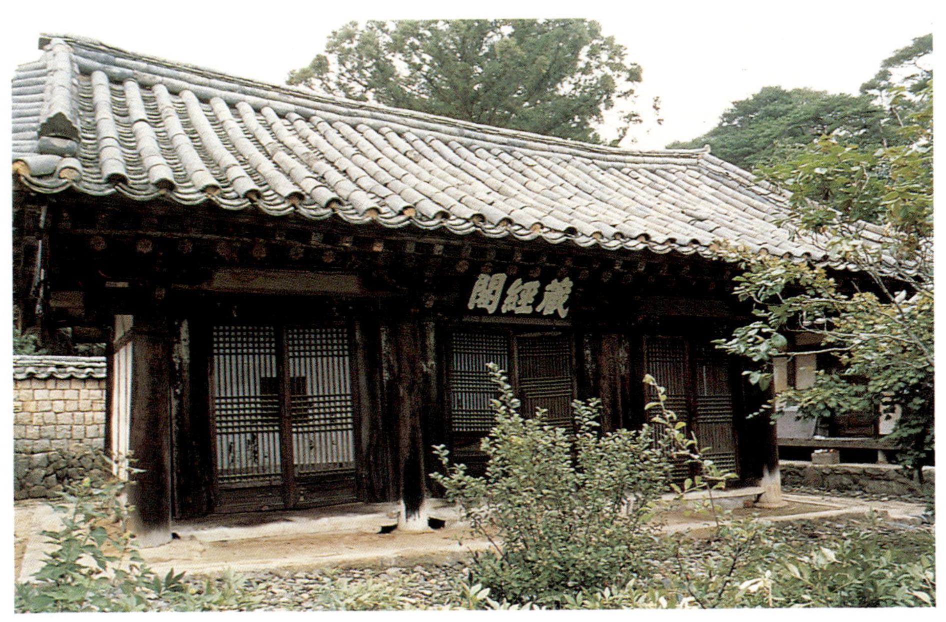

장경각 이 각 안에는 목판 장경을 봉안하고 있는데 초창 및 중수 연대는 확실치 않으나 주변 건물들과 비교해 18세기 건물로 생각된다.

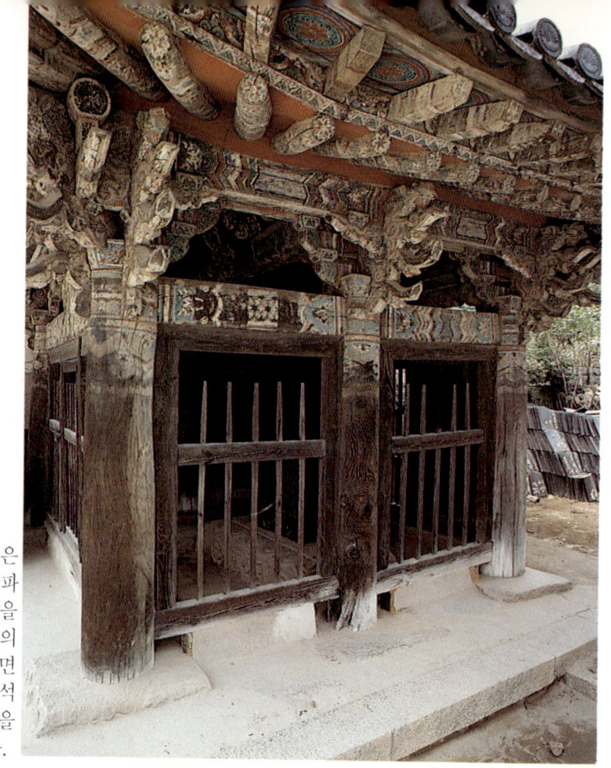

세존비각　이 비각은
1706년(숙종 32) 계파
대사가 금강계단을
중수하고 석가여래의
영골 사리비를 세우면
서 건립한 것으로 비석
에는 불사리의 행적을
소상히 밝히고 있다.

세존비각(世尊碑閣)

이 비각은 1706년(숙종 32) 계파 대사(桂坡大師)가 금강계단을
중수하고 석가여래의 영골 사리비(靈骨舍利碑)를 세우면서 건립한
것으로 비석에는 불사리의 행적을 소상히 밝히고 있다. 곧 자장
율사가 중국에서 부처님의 사리를 모셔 온 일과 임진왜란 당시 사명
대사가 불사리를 적으로부터 보호하기 위해 크고 작은 2개의 함에
사리를 담아 금강산에 계신 서산 대사께 보냈더니 서산 대사는 이곳
영축산 통도사가 바로 문수대성(文殊大聖)께서 자장 스님께 부촉하
신 승지(勝地)이므로 이곳에 다시 봉안토록 하셨고 한 개의 함은
태백산으로, 다른 한 개는 현재의 계단에 봉안토록 하였던 사실들을
석비(石碑) 전면에 기록하고 있다.

황화각(皇華閣)

황화각은 강원과 학승들이 거처하는 기능을 갖고 있는 건물이다. 이 건물은 초창이 1317년(충숙왕 4)이며 1647년(인조 27) 탄변 화상(坦卞和尙)이 중건하고 1988년 성해 화상(聖海和尙)에 의해 중수되어 오늘에 이르고 있다.

건물은 ㄴ자 평면으로 두 개의 건물을 복합시킨 형식이다. 동서로 자리잡은 평면은 강당과 부엌, 툇마루로 구성되었고 남북 방향의 평면에는 학승의 거처실로 되고 서쪽에 쪽마루를 달았다. 그리고 이들 건물은 일반 신도와 격리되도록 북쪽과 서쪽에서 출입하도록 되어 있어 법문(法門)을 배우는 공간답게 처리하였다.

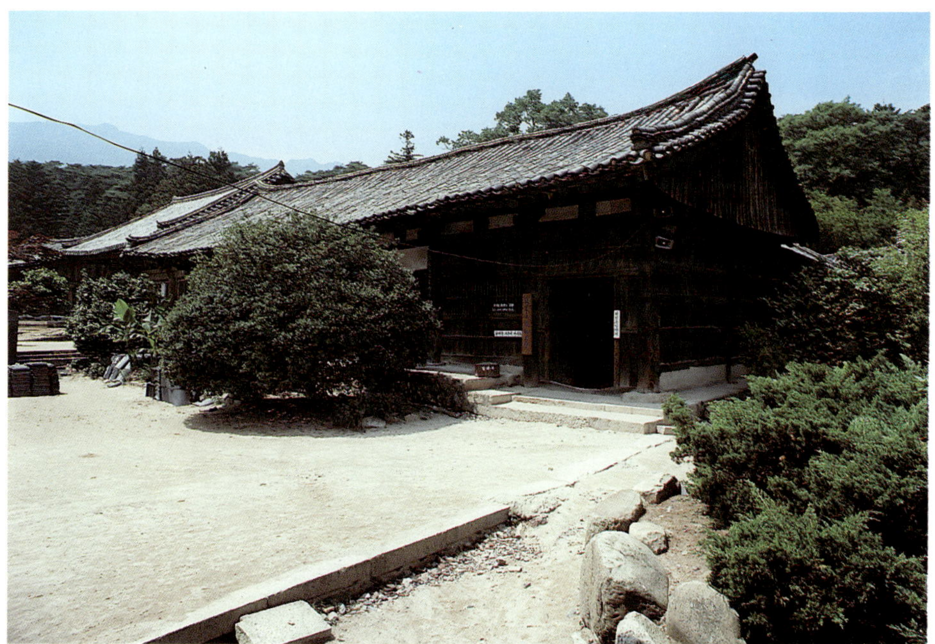

황화각 강원과 학승들이 거처하는 건물이다.

불이문(不二門)

이 문은 대웅전으로 들어가는 경내의 마지막 문으로 해탈문(解脫門)이라고도 한다. 이 문은 1305년(충렬왕 31) 처음 지었으나 현재의 건물은 언제 중건되었는지 확실하지 않다. 그러나 세부 수법으로 보아 조선 중기 이후의 것으로 생각된다.

건물의 규모는 정면 3칸, 측면 2칸이며 다포식 팔작집으로 동향된 전면 3칸에 판문(板門)을 달아 출입하게 되었으며 대들보 위에 얹은 가구재가 다른 건물에 비하여 특징적이라 할 수 있다. 곧 대들보 위에 두터운 솟을 합장재를 삼각형으로 짜 그 부재 위에 장혀를 걸쳐 중도리, 하중도리, 종도리를 얹어 서까래를 받도록 하였다. 고식(古式)의 가구법으로 흔히 볼 수 없는 형식이다.

불이문의 '불이'의 뜻은 법계(法界)의 실상이 여여평등(如如平等)하여 피차의 차별이 없다는 것을 '불이'라 하며 이 법계 불이의 진리가 불법의 궤범(軌範)이므로 '불이법'이라 하고 일체 성인(一切聖人)이 모두 이 불이의 법에 의하여 진리에 들어가므로 불어 법문이라 한다. 따라서 여기서부터 청정한 불법 도량의 중심부가 되며 불이의 진리로써 세속의 모든 번뇌를 벗어난다는 뜻으로 해탈문이라고 부른다.

영각(影閣)

이 건물은 통도사 역대 주지 및 큰스님들의 영정을 봉안한 건물로 정면 8칸, 측면 3칸의 긴 장방형 평면인 팔작집이다. 초창 연대는 분명치 않으며 현재의 건물은 1704년(숙종 30)에 지었다고 전하나 여러 차례의 보수를 거쳐 오늘에 이르고 있다.

불이문 대웅전으로 들어가는 경내의 마지막 문으로
　해탈문이라고도 한다.

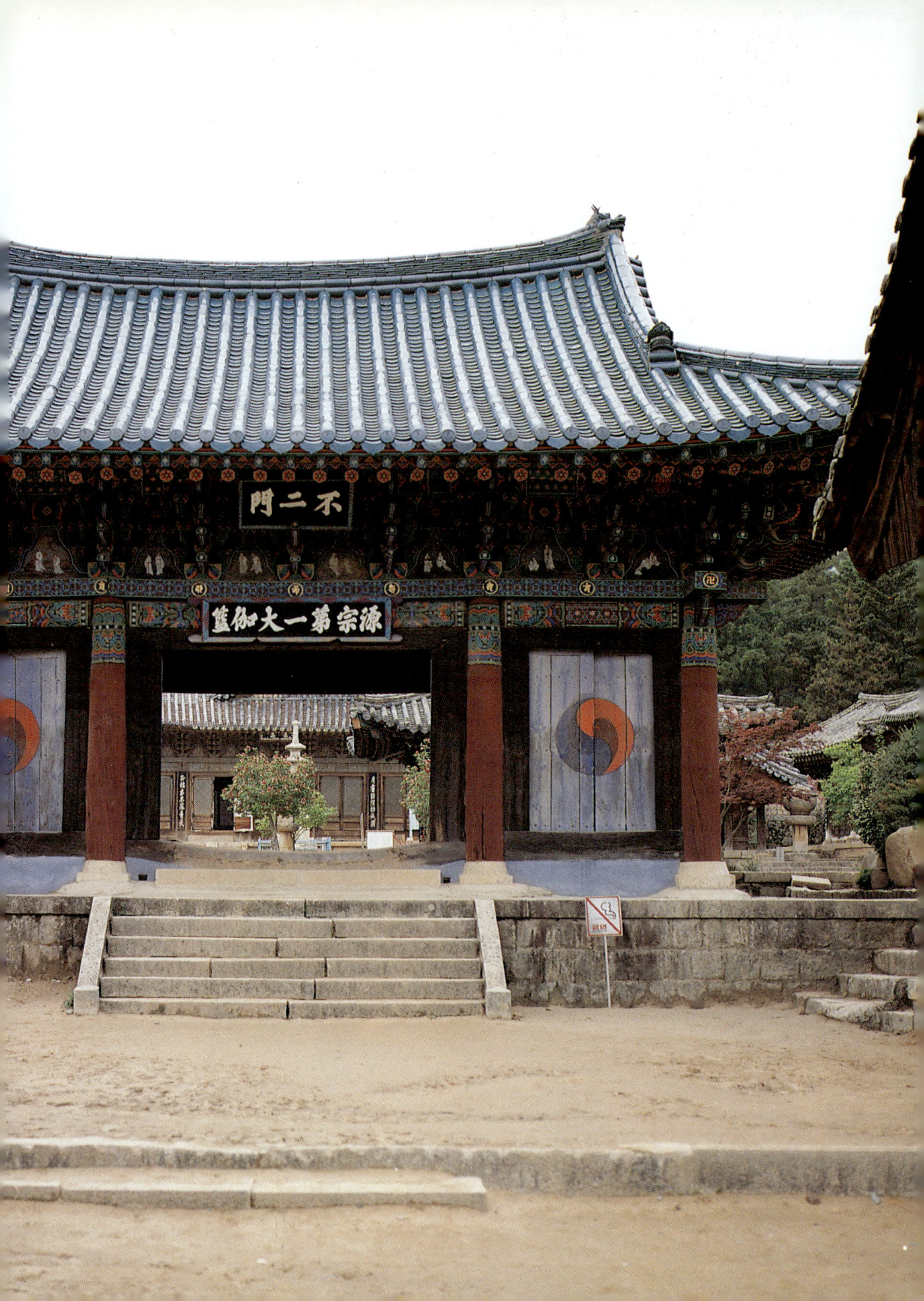

不二門
源宗第一大伽藍

하로전 건물

영산전(靈山殿)

영산전은 하로전의 중심 건물로 남향하고 있으며 불당 좌우에
극락전과 약사전이 동서에 각각 배치되어 있다.

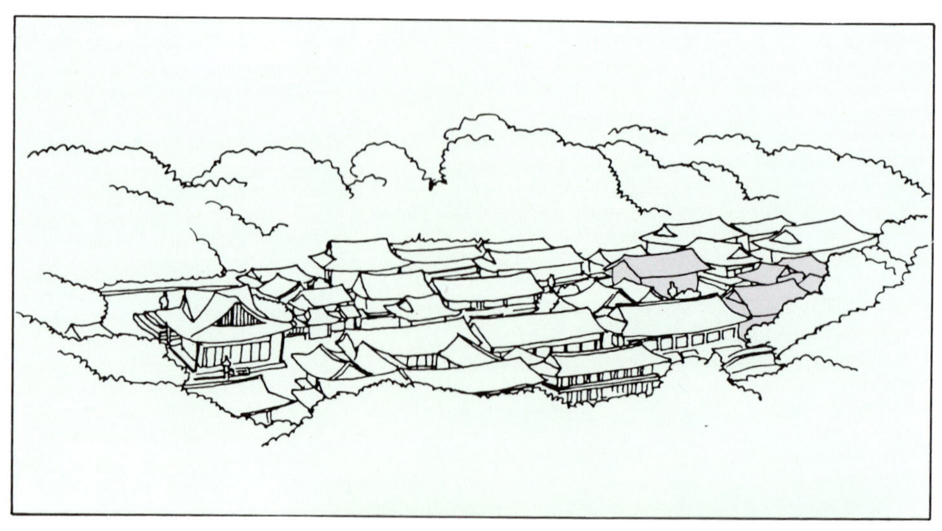

하로전 영산전, 극락보전, 약사
전, 만세루, 범종각, 천왕문,
일주문 등이 있다.

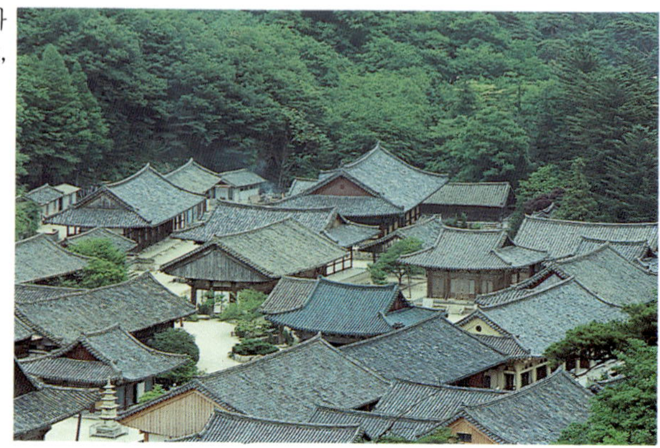

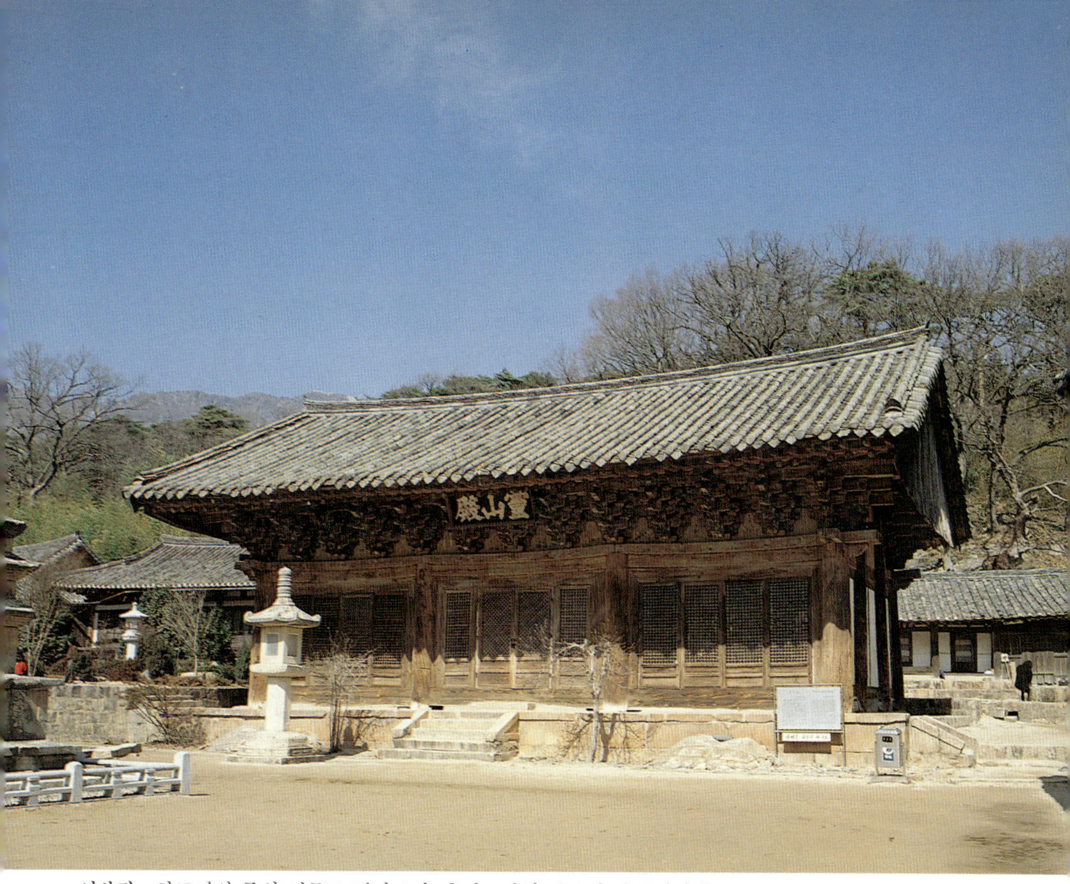

영산전 하로전의 중심 건물로 정면 3칸, 측면 3칸의 다포식 맞배집이다.

이 불당에는 본존불로 석가모니불을 봉안하였고 그 주변에 거대한 팔상탱화를 안치하였다. 이 건물은 정면 3칸, 측면 3칸의 다포식 맞배집인데 초창은 언제인지 확실치 않고 현재의 건물은 1704년(숙종 30) 송곡 대사(松谷大師)에 의해 중건되고 그 뒤 여러 차례 보수된 것으로 생각된다. 이 건물은 전면의 주칸(柱間)이 다른 건물과 달리 아주 넓게 자리하고 있으며 공포의 구성도 고격(古格)을 갖추고 있다. 특히 내부 가구 형식은 조선 초기의 품격을 잘 나타내고 있으며 단청 문양 및 색상도 원래의 모습에서 크게 변형되지 않았다.

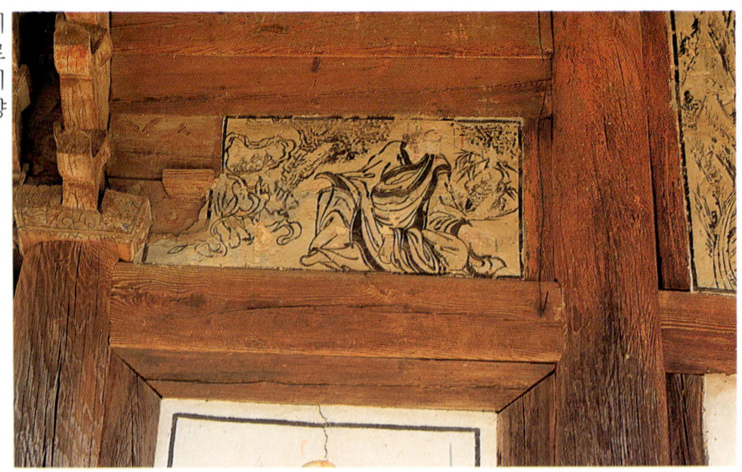

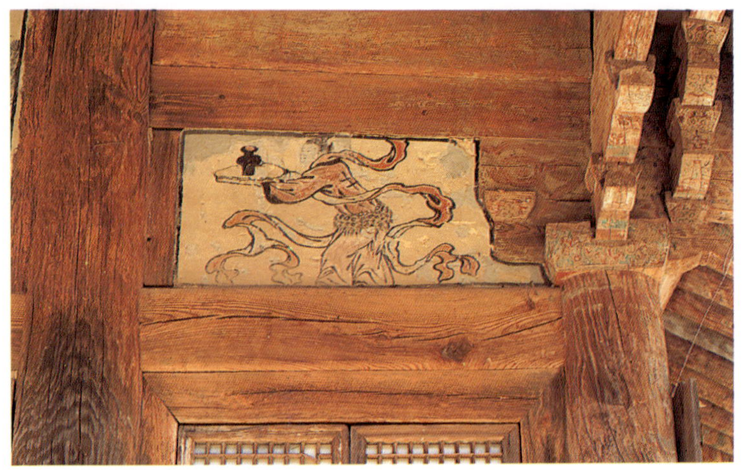

　　내부 벽화에는 다보탑을 비롯하여 양류관음(揚柳觀音), 나한상, 여러 가지 경설(經說)의 내용 등이 품격 높은 수작(秀作)으로 평가받고 있다. 1775년(영조 51) 그렸다는 팔상도는 당시의 불화 화풍을 이해하는 데 귀중한 그림이다.

극락보전(極樂寶殿)

극락보전은 영산전의 동쪽에 서향하고 있다. 극락전과 마주보는 서쪽에는 약사전이 있고 그 사이에 3층석탑이 서 있다. 극락전 안에는 서방 정토(西方淨土) 극락 세계의 교주(教主)인 아미타불과 그 좌우에 협시보살(脇侍菩薩)로 관음과 세지 보살상이 함께 봉안되었다.

불당은 정면 3칸, 측면 3칸의 다포식 팔작집으로 초창은 1369년(공민왕 18)으로 전해지고 있으며 현재의 건물은 18세기 초의 건물 양식을 나타낸다. 비교적 규모가 작은 건물이지만 짜임새와 전체적 외관이 견실하게 꾸며진 건물이다.

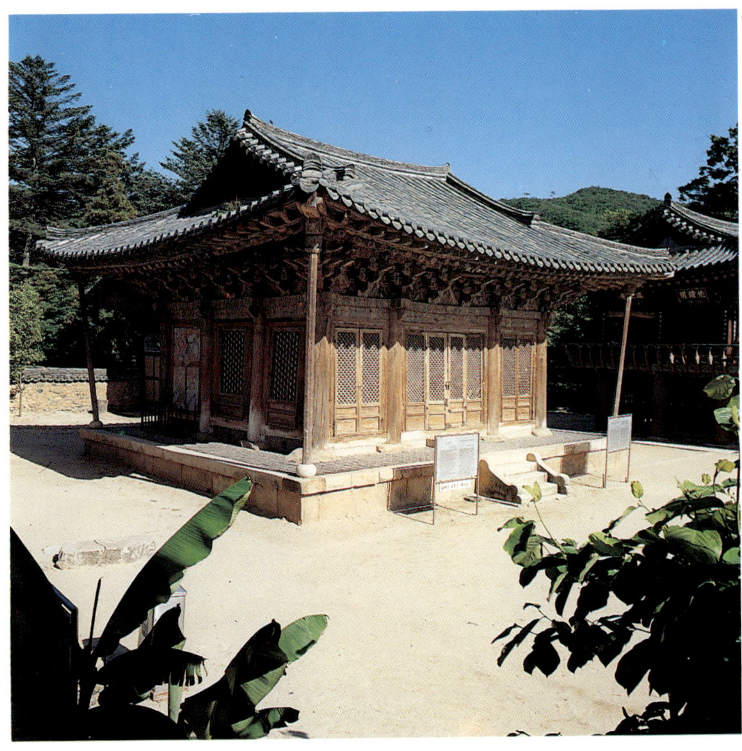

극락보전 비교적 규모가 작은 건물이지만 짜임새와 전체적 외관이 견실하게 꾸며진 건물이다.

약사전 (藥師殿)

극락전과 마주하고 있다. 동향하고 있는 이 법당은 정면 3칸, 측면
단칸의 다포식 맞배집으로 초창은 1369년(공민왕 18) 성곡 대사
(聖谷大師)에 의해 이룩되었고 그 뒤 중건되었으나 확실한 연대는
알 수 없다. 그러나 건물의 양식으로 보아 18세기 초 극락전과 함께
중건된 것이 아닌가 생각된다.

　이 건물은 측면을 1칸으로 하여 주칸에 공포를 배치하지 않고
다포식이면서도 앞뒷면에만 공간포를 배치한 점이 특색이다. 따라서
측면에서는 평방(平枋)을 생략하고 있는데 그 기법도 다른 건물과

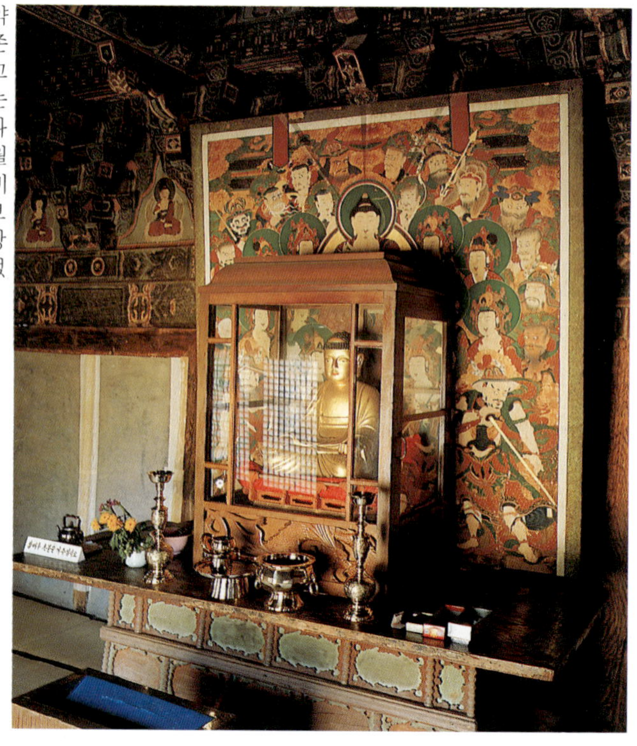

약사전 내부　약
사여래를 주존
으로 하였고
후불 탱화는
약사여래와
함께 일광, 월
광 보살을 비
롯하여 대보
살 및 신장상
등을 나타내었
다.

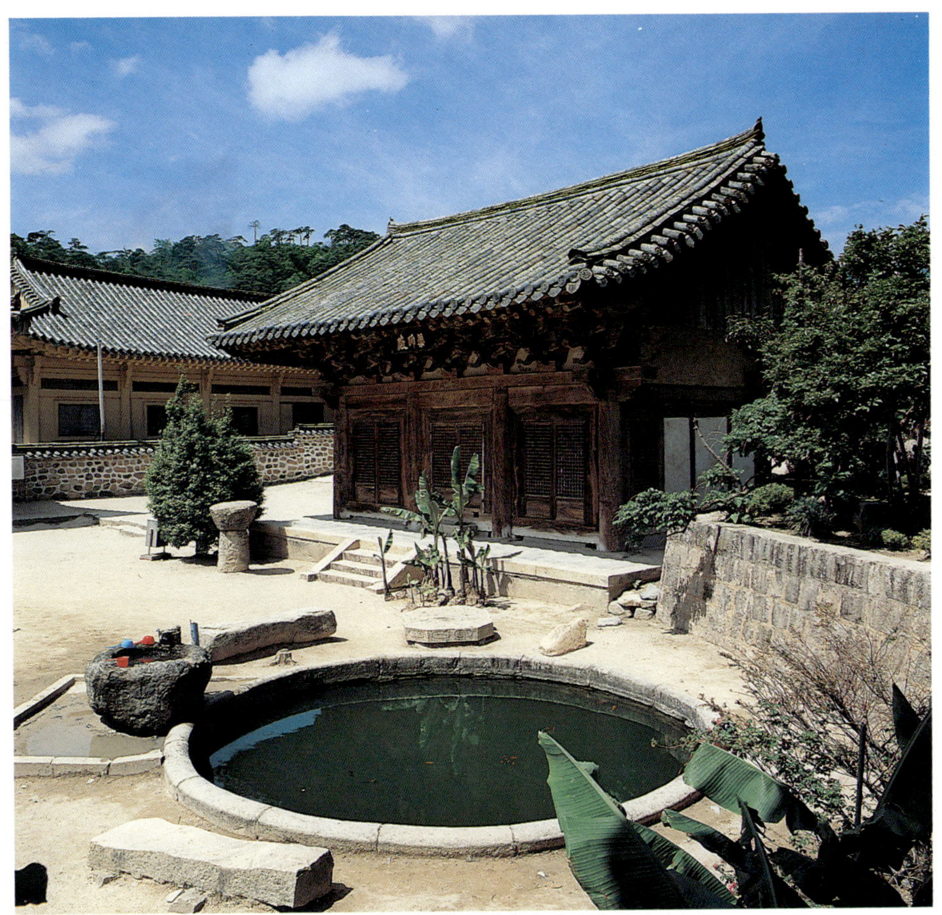

약사전 극락전과 마주하고 있는 정면 3칸, 측면 단칸의 다포식 맞배집이다.

비교해 보면 재미있는 처리라 할 수 있다.

　건물 내부에는 본존불로 약사여래상(藥師如來像)을 봉안하였고 후불 탱화는 약사여래와 함께 일광보살, 월광보살을 비롯하여 여러 대보살(大菩薩), 신장상(神將像) 등을 나타낸 1775년의 작품이다.

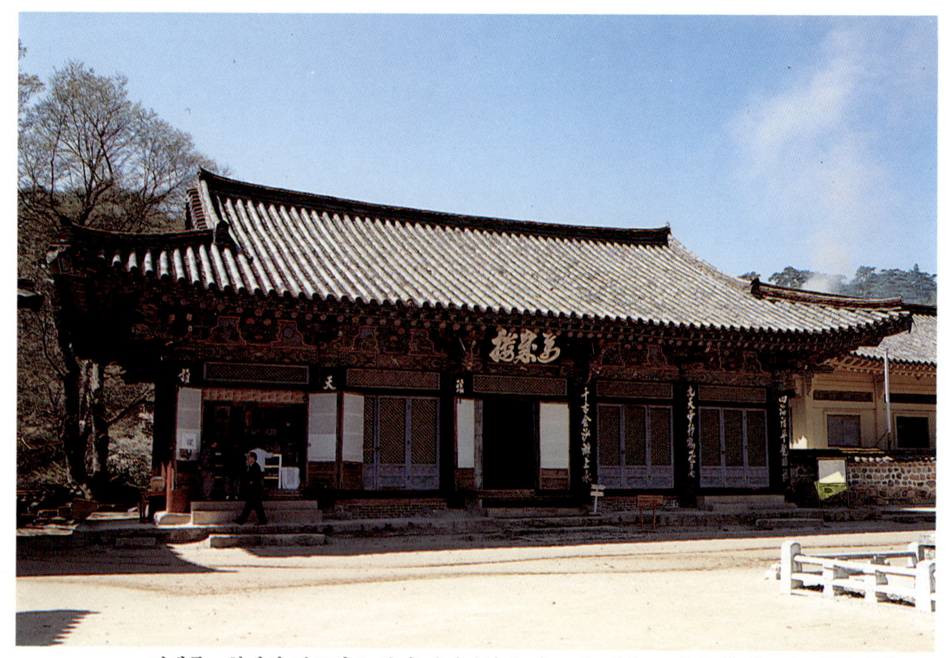

만세루 현재의 건물이 누각이 아니면서 누라고 한 것을 보면 초창 때는 누각 형식의 건물이었던 것으로 생각된다.

만세루(萬歲樓)

만세루는 영산전의 정면 남쪽에 위치하며 정면 5칸, 측면 3칸의 팔작집으로 현재의 건물은 1746년(영조 22) 영숙 대사(靈淑大師)가 중건한 것으로 전해지고 있으나 여러 차례의 보수가 있었다.

현재의 건물이 누각(樓閣)이 아니면서 누라고 한 것을 보면 초창 때는 누각 형식의 건물이었던 것으로 생각된다. 지금은 건물 내부에 우물마루가 깔려 있고 주로 의식 때 사용되고 있으나 성보박물관이 세워지기 전에는 전시관으로도 사용되었다.

범종각(梵鐘閣)

범종각은 천왕문을 들어선 바로 남쪽에 위치한다. 이 건물은 누각 형식의 건물로 상하층에는 범종(梵鐘), 홍고(弘鼓), 목어(木魚), 운판(雲板) 등 불전 사물(佛前四物)을 비치하고 있다.

건물의 초창은 1686년(숙종 12) 수오 대사(守悟大師)에 의해 이루어졌으나 현재의 건물은 원래의 건물이 아닌 중수된 건물이다. 정면 3칸, 측면 2칸의 규모로 기둥을 층단주(層斷柱)로 구성하여 하층은 사방을 터서 계단을 마련하여 상층으로 오를 수 있게 하였으며 상층 주변에는 계자난간을 둘러 장식하고 활주(活柱)는 상층 마루에 얹도록 하였다. 현판에는 "범종루" "범종각" "통도사" 등의 글씨가 적혀 있고 주련이 각 기둥에 달려 있다.

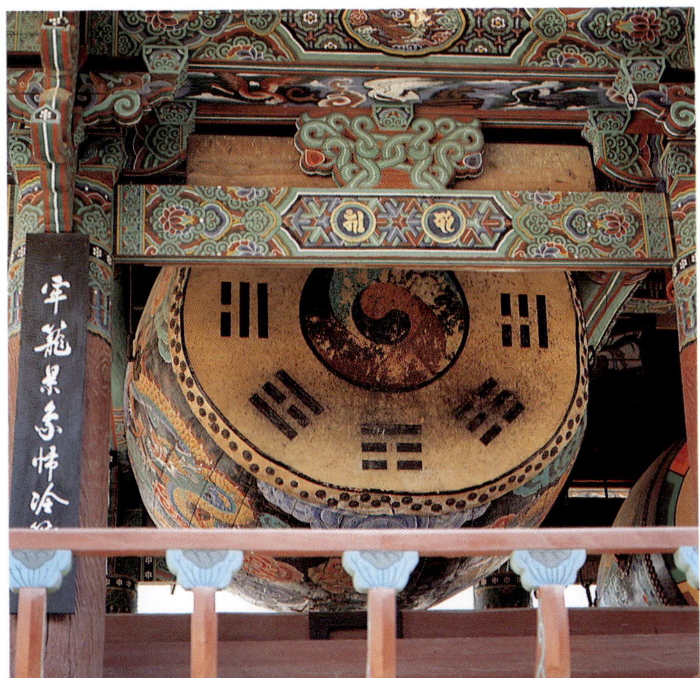

홍고 범종각에는 불전 사물인 홍고, 범종, 목어, 운판이 있다.

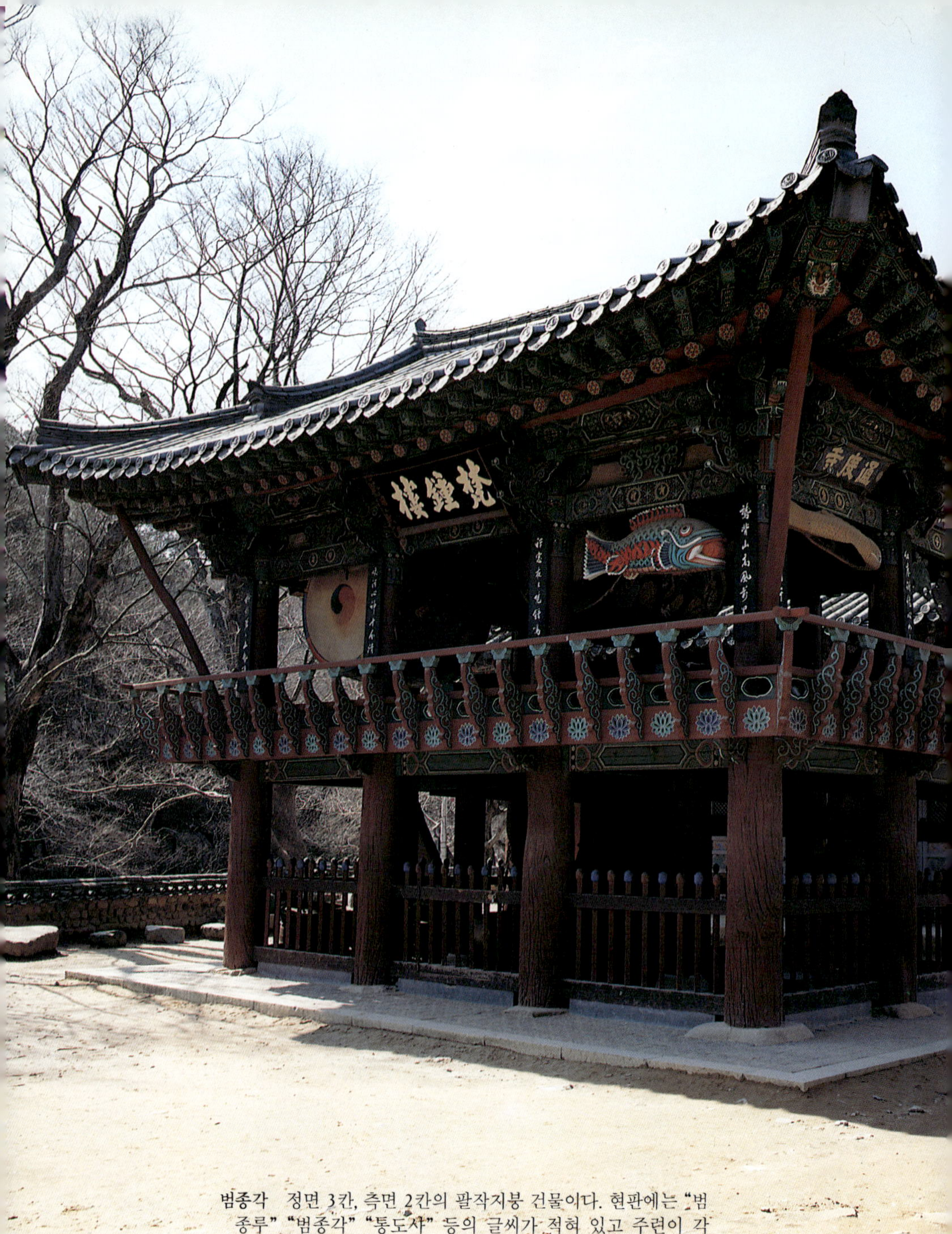

범종각 정면 3칸, 측면 2칸의 팔작지붕 건물이다. 현판에는 "범종루" "범종각" "통도사" 등의 글씨가 적혀 있고 주련이 각 기둥에 달려 있다.

가람각(伽藍閣)

가람각은 천왕문의 남동쪽에 근접해 있는 가장 작은 4면 단칸의 법당으로 도량의 수호를 위해 가람신을 안치하고 있다.

초창은 1706년(숙종 32)이며 외벽에는 적마(赤馬)의 그림이 그려졌으나 없어졌고 현재의 건물은 원명(圓明) 스님에 의해 신축되었다.

응향각(凝香閣)

이 건물은 영산전의 북쪽에 위치하며 하로전의 노전 건물로 불전에 분수하는 스님들이 거처한다.

초창은 확실치 않으나 중건된 것은 1757년(영조 38) 범음 대사에 의해 이루어졌다고 한다.

건물은 남향하여 정면 4칸, 측면 2칸이며 온돌방과 툇마루, 부엌으로 구성되었으며 일반 서민 주택과 같은 형식을 취하고 있다.

천왕문(天王門)

천왕문은 하로전으로 들어오는 문으로 정면 3칸, 측면 2칸의 주심포계 익공식 맞배집으로 1337년(충숙왕 복위 6) 취암 대사(翠岩大師)에 의해 초창되었으나 현재의 건물은 19세기 이후의 건축 양식을 나타내고 있다.

건물 구조는 비교적 간결하며 5량 구조로 되었다. 건물 내부는 중앙칸을 통로로 하고 좌우 측칸에는 목조(木彫)의 거대한 사천왕상을 배치하고 있다. 동방 지국천(持國天)은 칼을 들었고, 북방 다문천(多聞天)은 보탑(寶塔)을, 남방 증장천(增長天)은 용(龍)을, 서방 광목천(廣目天)은 비파(琵琶)를 들고 있다.

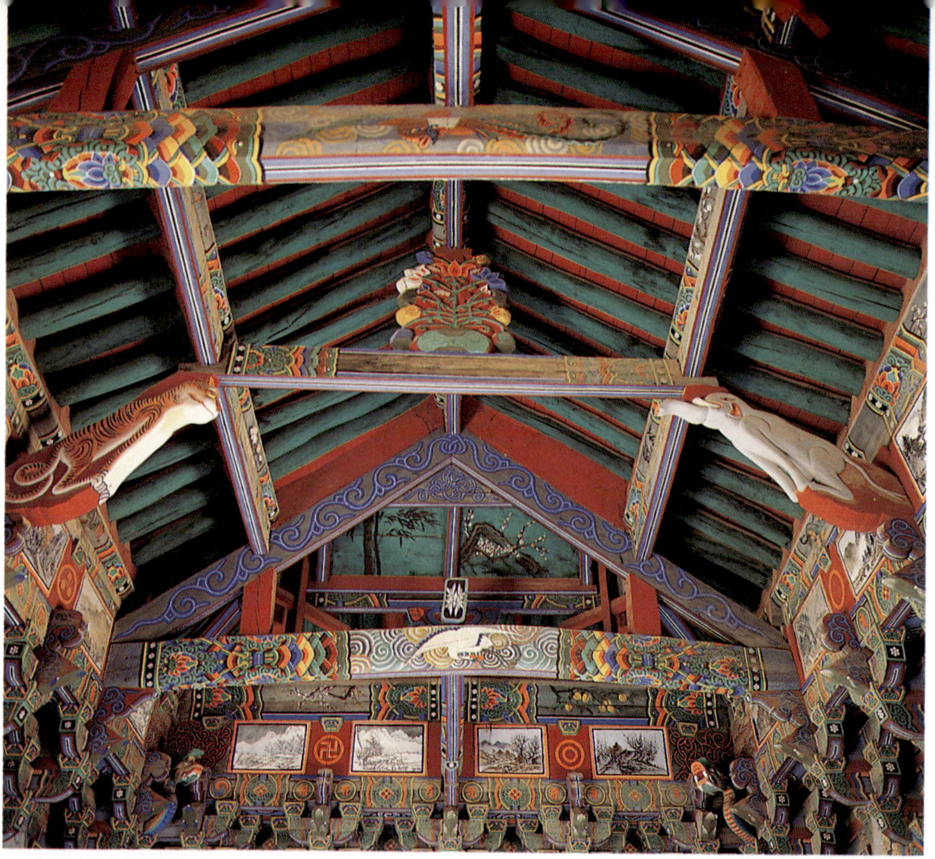

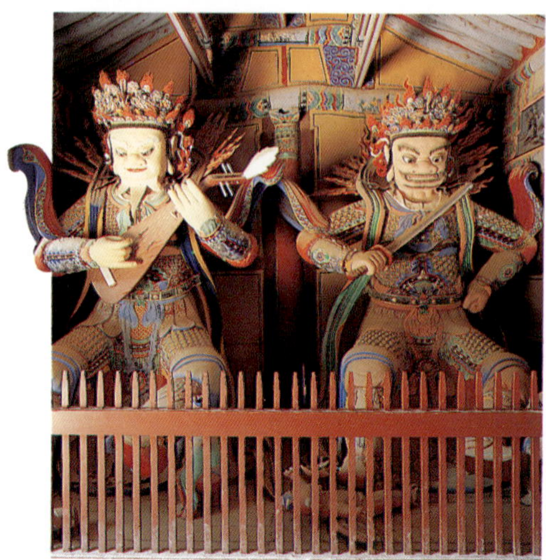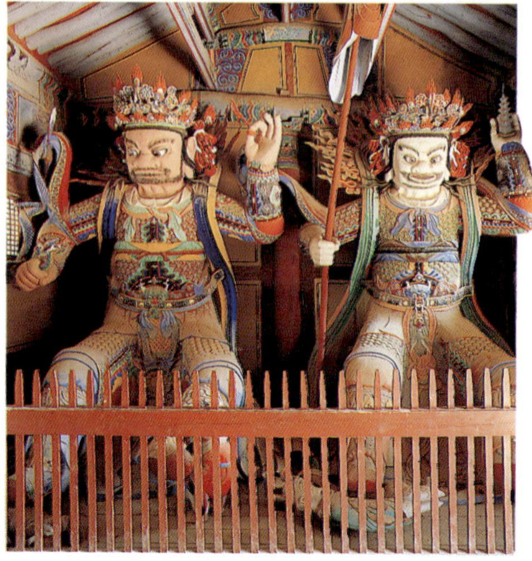

해탈문의 천장 호랑이, 코끼리, 용, 봉황 등으로 다양하게 장식하였다. (맨 위)
천왕문의 사천왕상 왼쪽부터 광목천왕, 지국천왕, 증장천왕, 다문천왕의 모습이다. (위)

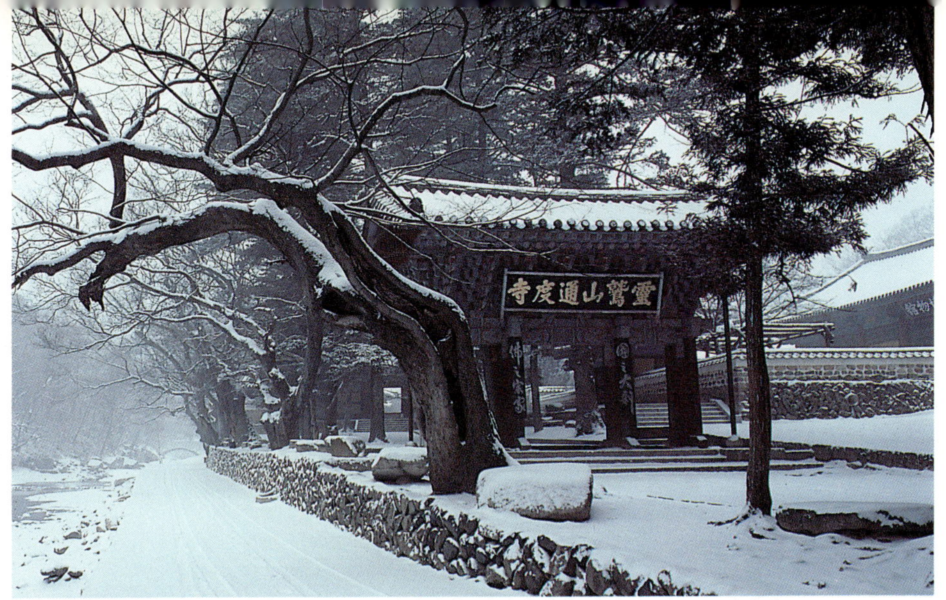

일주문　정면 3칸의 다포식 9포작으로 맞배지붕, 겹처마인데 지붕 무게를 보강하기
위해 건물 네 귀에 활주를 세웠다.

일주문(一柱門)

이 문은 절에 들어오는 첫번째 문으로 기둥의 배열이 한 줄로
되어 있는 것이 특징이다. 일주란 이러한 기둥 배열의 뜻도 있겠지
만 본래의 의미는 「법화경」 신앙에서 유래되었다. 곧 「법화경」의
대의(大意)가 '회삼귀일(會三歸一)'이니 삼승(三乘)을 모아 최상승
(最上乘)인 일승(一乘)으로 돌아간다는 의미와 통한다.

이 문의 초창은 1305년(충렬왕 31)이나 중창은 자세하지 않으며
현재의 건물은 1770년(영조 46) 두섬 대사(斗暹大師)가 중건한
것으로 전한다.

정면 3칸의 다포식 9포작으로 맞배지붕, 겹처마인데 지붕 무게를
보강하기 위해 건물 네 귀에 활주를 세웠다. 정면에 건 현판 글씨는
"영축산통도사(靈鷲山通度寺)"로 대원군의 필적이며 주련 "불지종
가(佛之宗家)" "국지대찰(國之大刹)"은 해강(海崗) 김규진(金圭鎭)
의 글씨이다.

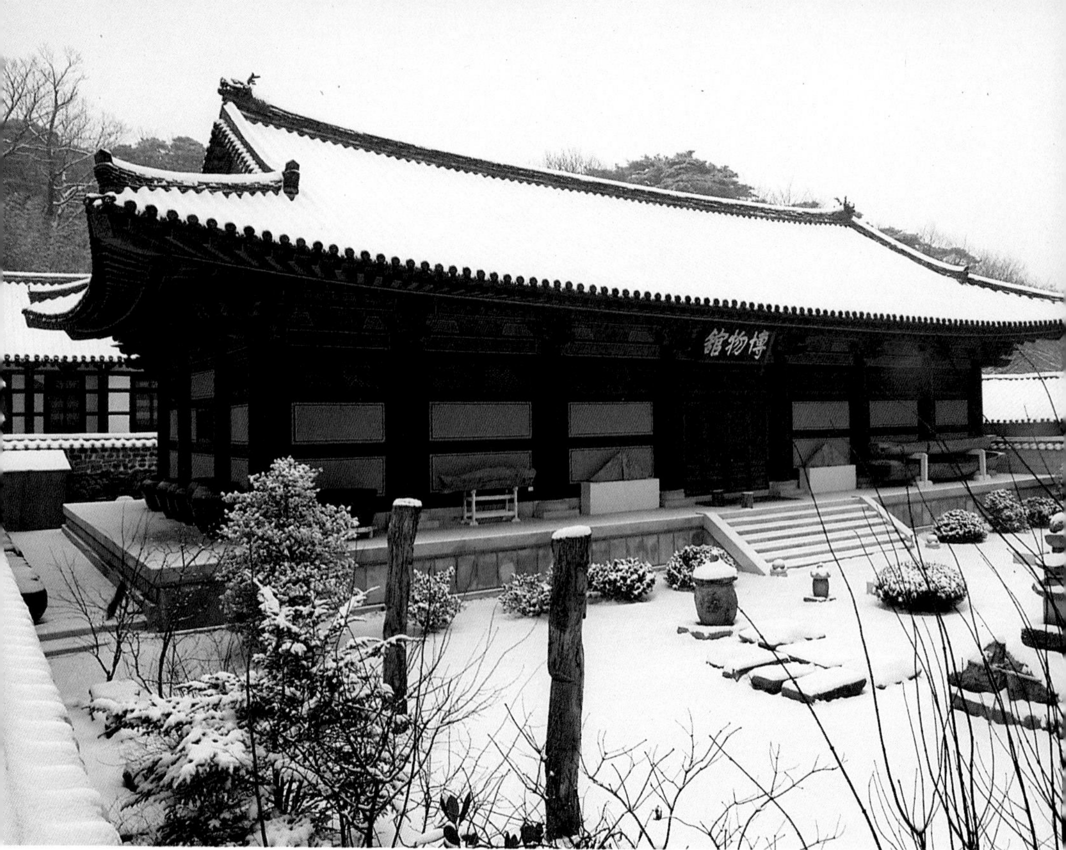

기타 건물

보광선원(普光禪院)

통도사에는 선원 건물로서 사역(寺域) 서쪽에 보광전이 있고 주위에 부속 건물, 판도방(判道房), 요사, 목욕실 등이 있다.

보광전은 1970년 당시의 주지 청하 화상(淸霞和尙)에 의해 건립된 선방이다. 이 건물은 남향하여 정면 9칸, 측면 4칸의 건물로 방장실(方丈室)이 있고 평면 앞뒷면에 툇마루를 깔고 서쪽에는 부엌칸을 두었다.

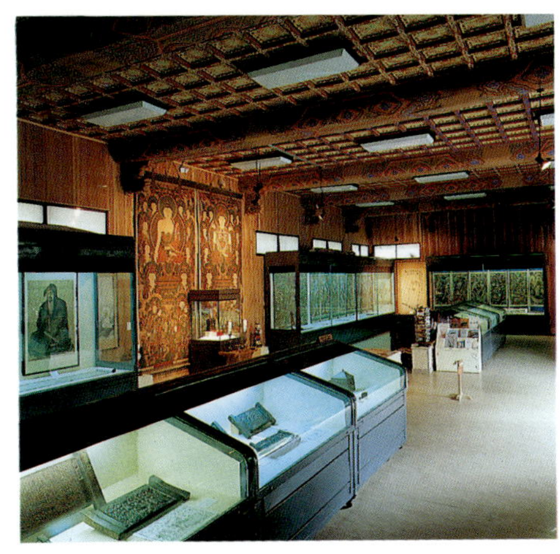

성보박물관의 전경과 내부의 모습

　이곳 선원에는 일반인의 출입이 금지되고 매년 하안거(夏安居), 동안거(冬安居)를 실시하고 있다. 하안거는 음력 4월 15일에서 7월 15일까지이며 동안거는 10월 15일에서 1월 15일까지 각 3개월로 되어 있다. 안거일(安居日)은 전국 선원이 모두 동일하며 이 기간을 결제 기간(結制期間)이라 한다.

성보박물관(聖寶博物館)

　박물관은 일주문을 들어서서 곧바로 오른쪽 대지에 자리잡고 있다. 이 건물은 종무소(宗務所) 건물을 철거하고 정면 7칸, 측면 3칸의 전통 건축 양식을 본뜬 철근 콘크리트 건물로 1987년 10월 주지 원명 스님에 의해 완공된 80평 규모의 전시 기능 건물이다.

　박물관 안에는 자장 율사의 가사를 비롯하여 많은 수의 성보 문화재가 보관되어 있다. 특히 고문서(古文書)를 비롯하여 불화, 목조 공예품, 자수, 서화류 등 다양하고 귀중한 유물이 있으며 은입사 대형 청동 향로, 동제 천문도, 십계 신장도, 팔상도, 금자 사경 등 통도사의 역사와 문화를 집약한 성보가 전시, 보관되고 있다.

요사(寮舍)

요사는 큰방(大房)을 중심으로 주변에 작은 판도방들로 구성된다. 큰방으로는 감로당(甘露堂), 원통방(圓通房), 화엄전(華嚴殿), 황화각 등이 있다.

감로당은 현재 사중(寺中) 대중 스님들의 일상 생활에 따른 후원(後院)으로 초창은 1340년(충혜왕 복위 원년)이지만 화재로 인해 소실되고 여러 차례 중수와 중건을 거듭하였다. 사적비에 의하면 1882년(고종 19) 화엄전에서 불이 나 감로당과 원통방이 소실되었고 곧바로 중건된 뒤 4년 지나 감로당에서 실화(失火)하여 명부전, 원통방, 화엄전까지 소실되었다. 그러나 그 다음해인 1887년 덕명대사(德溟大師)가 중건하였다고 전한다. 감로당은 정면 7칸, 측면 2칸 건물이고 이 건물 동과 서 그리고 남쪽에 객실 3채가 있어 ㅁ자형 평면으로 구성되어 중앙에 중정(中庭)이 생겨 주택의 평면형과

감로당　정면 7칸, 측면 2칸의 건물로 현재 스님들이 생활하는 곳이다.

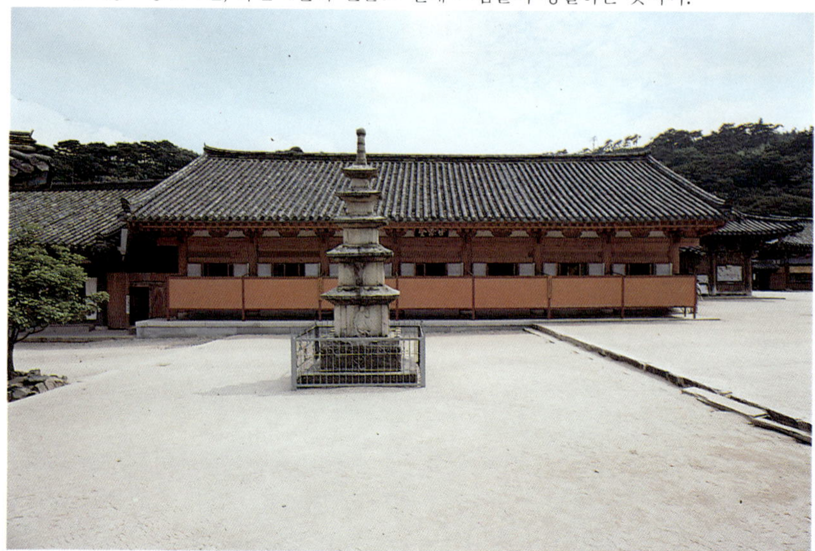

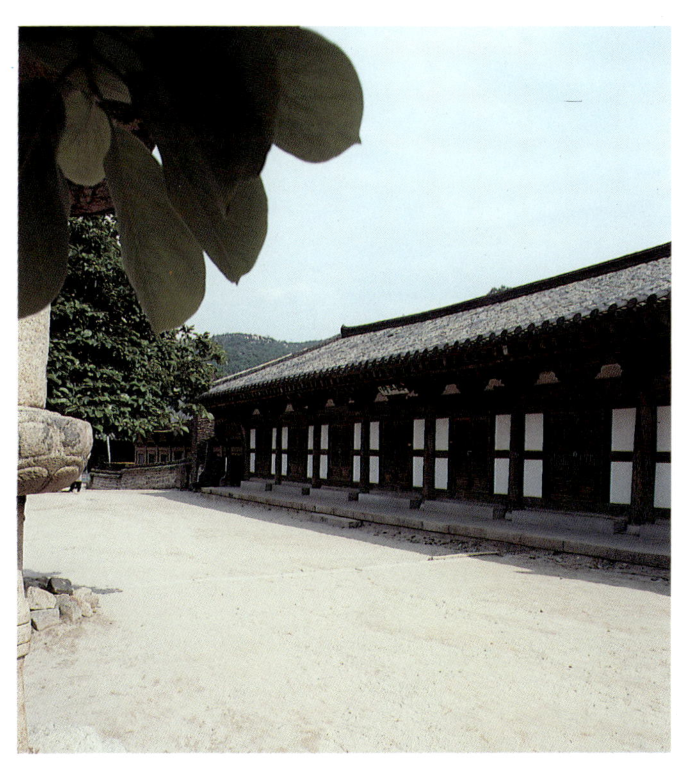

같다. 감로당을 비롯한 ㅁ자형 건물들은 약 86칸으로 거실, 마루, 부엌, 창고, 식당 등으로 이용된다.

　원통방은 감로당 동쪽 측면에 위치한다. 초창은 1341년(충혜왕 복위 2) 영조 때 탄해 대사(坦亥大師)가 중건하였으나 1886년 감로당과 함께 소실되고 다음해에 매예 대사(晦藝大師)에 의해 중건되었다. 건물은 남향한 정면 7칸, 측면 2칸의 요사채이고 이 건물 앞 서쪽에는 동향한 정면 6칸, 측면 2칸의 요사가 있고 앞쪽에는 다시 정면 7칸, 측면 2칸의 곡루가 자리잡고 있다. 원통방의 '원통' 의미는 "관음보살 이근원통(耳根圓通)"에서 유래된 것으로 생각된다.

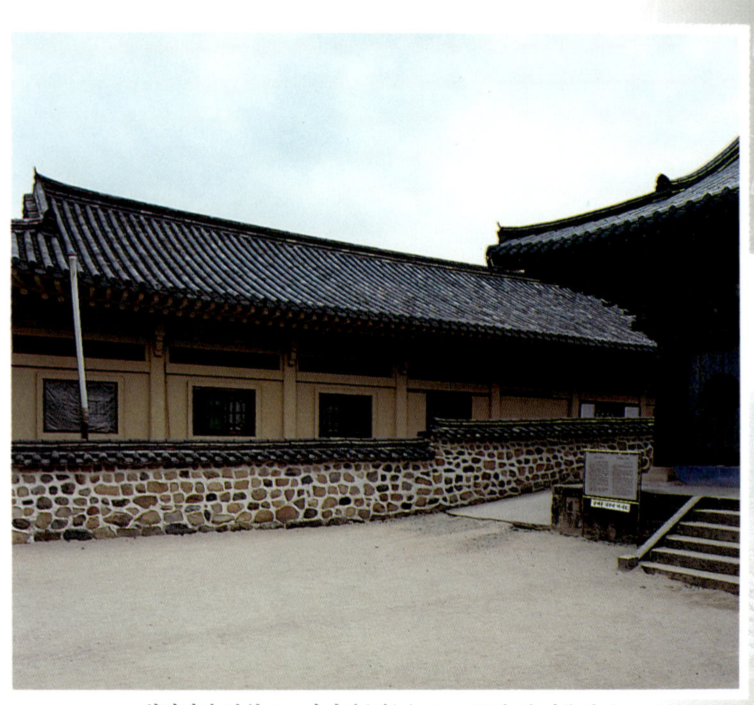

화엄전과 명월료 화엄전(위)은 주로 법회 때 사용되며 명월료(옆면)는 1978년 새로 지은 건물로 현재 종무소로 사용하고 있다.

화엄전은 원통방의 동쪽에 남향하여 정면 7칸, 측면 3칸의 규모로 자리잡고 있다. 이 건물터에는 1368년(공민왕 17) 초창된 건물이 있었고 1762년(영조 38), 1883년(고종 20), 1887년에 각각 중건된 건물들이 있었으나 현재의 건물은 1970년 새로 건립된 콘크리트로 만든 양식 건물이다. 이곳은 법회 때 주로 사용되고 있다.

이 밖에 극락전 북쪽에 명월료(明月寮), 이 건물 북쪽에 금당(金堂) 건물이 있다. 명월료는 1978년 새로 지은 건물로 현재 종무소로 사용하고 있고 금당은 사찰 안의 행정 책임을 맡고 있는 스님들의 상주 거실(常住居室)로 사용된다.

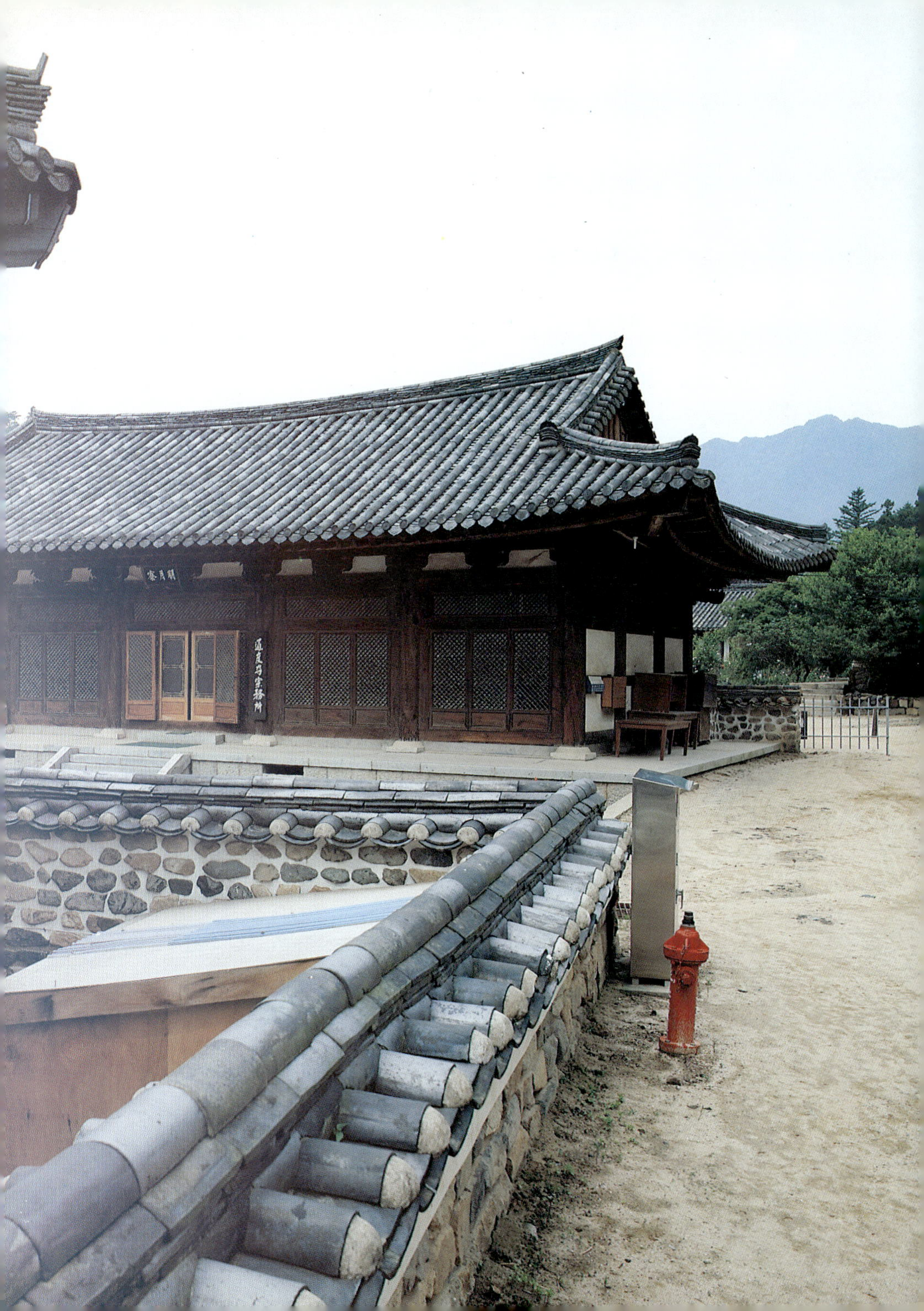

통도사의 유물

불화

통도사는 불보 사찰이라는 절의 성격에 걸맞게 부처에 관한 유물들을 많이 소장하고 있다. 특히 불화는 300여 점에 달하여 수적으로 많으며 종류 또한 다양하여 이미 오래 전부터 관심의 대상이 되어 왔다.

통도사의 불화는 현존 조선시대의 불화가 그러하듯 거의 18,19세기에 제작된 것들이다. 지금 우리나라의 불화 가운데 고려시대의 아름답고 훌륭한 불화들은 일본 등 이국(異國) 땅에 전해지고 있고 조선조 전기인 14세기부터 16세기까지의 불화들도 사정은 고려 불화와 다를 바가 없어 실제 17세기 이전의 불화를 볼 수 있는 기회란 거의 없다. 따라서 우리가 불화를 예경하고 감상하며 연구의 대상으로 삼을 때 결국은 18, 19세기의 불화에 의지할 수밖에 없다. 곧 통도사의 불화는 우리나라의 불화를 이해하고 연구하는 데 없어서는 안 될 중요한 자료이다.

석가여래계(釋迦如來系) 불화

영산회상도(靈山會上圖)는 석가가 영산에서 「묘법연화경」을 설하는 모습 곧 영산회상의 장면을 경전에 의거하여 회화화(繪畫化)한 것으로 대웅전 등 석가와 관련이 있는 전각에 봉안된다.

통도사의 영산회상도는 영산전과 응진전 두 곳에 봉안되어 있고 대웅전에는 부처의 진신사리를 모신 금강계단이 있어 봉안되어 있지 않다.

영산전 영산회상도

이 그림은 1734년 화원(畫員) 임한(任閑) 등에 의하여 제작된 것으로 통도사 불화 가운데 가장 오래 된 것이다.

화면 구성은 한가운데 수미단 위에 놓인 연화 대좌에 결가부좌한 석가여래가 있고 그 주위에는 연화를 든 제1협시 문수보살과 여의를 든 보현보살을 비롯한 10구의 보살, 여러 부처, 제자, 호법신(護法神) 등 성문중(聲聞衆)들과 사천왕이 본존인 석가여래를 에워싸듯이 배치되어 있다.

구도는 석가여래를 중심으로 왼쪽, 오른쪽에 배치된 각 상들의 수가 같고, 상대가 되는 상들이 향하고 있는 방향, 지물(持物)이 있거나 없는 것까지도 같아서 엄격한 좌우 대칭을 이루고 있다.

색은 빨강(朱), 녹청(綠靑), 군청(群靑)을 주조색(主調色)으로 하면서 황토(黃土)와 백록(白綠)도 적절하게 사용하여 극단적인 화려함은 아니지만 밝고 안정된 분위기를 자아내고 있다.

전체적으로는 엄격한 좌우 대칭적인 구도 등 도안적인 면도 엿보이나 색의 배합이 뛰어나고 세부 묘사에 흐트러짐이 없어 부조화(不調和)를 이루는 부분은 눈에 띄지 않는다. 특히 '키'형 광배를 포함한 석가여래가 차지하는 부분이 넓어 주제를 극대화시키려 했던 의도가 엿보여 대형 화면에 지극히 잘 어울리는 표현이라고 생각된다. 비단에 채색, 가로 233센티미터, 세로 339센티미터이다.

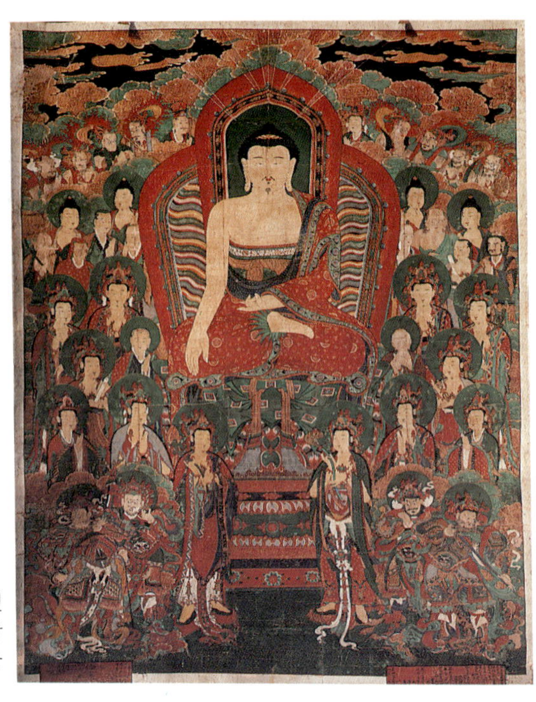

영산전 영산회상도 1734년
화원 임한 등에 의하여 제작
된 것으로 통도사 불화 가운
데 가장 오래 된 것이다.

응진전 영산회상도

이 그림은 1775년 양공(良工) 정총(定總) 등에 의해 제작되었
다. 화면 구성은 가운데 연화 대좌에 결가부좌한 석가여래가 있고
그 좌우에 10구의 보살과 4구의 호법신 그리고 화면 아랫부분에는
16나한이 배치되어 있다.

구성면에서 볼 때 영산회상도로서는 매우 간략한 편이다. 영산전
불화와 달리 16나한을 표현한 것은 16나한을 모시기 위한 전각인
응진전에 봉안하기 위하여 제작되었기 때문이다.

색은 빨강, 녹청, 군청을 주로 사용하였으며 퇴색에도 원인이 있겠
지만 영산전 불화에 비하여 밝거나 명랑하지는 못하다.

전체적으로는 구성의 간략화, 대칭 구도에 의해 화면이 단순한 듯

하지만 16나한의 개성있는 모습, 옷자락의 동적(動的) 표현 등으로 인하여 오히려 율동감을 느낄 수 있으며 그와 같은 느낌은 화면의 공간감이 더해져 더욱 발랄해 보인다.

비단에 채색, 가로 313센티미터, 세로 285센티미터이다.

통도사에는 이 밖에도 붉은색 바탕에 금분만으로 그린 금선묘 (金線描) 영산회상도(가로 227센티미터, 세로 165센티미터)가 있다. 이 그림의 제작 경위는 알 수 없지만 구성이 치밀하고 묘선도 유려하며, 특히 도상(圖像) 면에서 매우 주목되는 불화이다.

석가팔상도(釋迦八相圖)

팔상도는 석가의 생애를 여덟 개의 장면으로 압축, 묘사한 것으로 시대와 종파를 초월하여 제작, 봉안되었으며, 특별한 교리 내용이 아닌 이야기의 도설(圖說)이기 때문에 쉽게 이해할 수 있어 다른 내용의 불화보다 더 사랑을 받았다.

영산전에 봉안되어 있는 팔상도는 양공 포관(抱冠), 유성(有誠) 등 10여 명에 의해 1775년 제작된 것이다.

팔상이란 다음과 같은 장면으로 나뉜다.

제1 도솔래의상(第一 兜率來儀相)

제2 비람강생상(第二 毘藍降生相)

제3 사문유관상(第三 四門遊觀相)

제4 유성출가상(第四 踰城出家相)

제5 설산수도상(第五 雪山修道相)

제6 수하항마상(第六 樹下降魔相)

제7 녹원전법상(第七 鹿苑轉法相)

제8 쌍림열반상(第八 雙林涅槃相)

영산전 불화 역시 한 폭에 하나씩 그려 모두 여덟 폭이며, 각 그림의 왼쪽이나 오른쪽 윗부분에 해당하는 명칭을 각각 적어 놓았다.

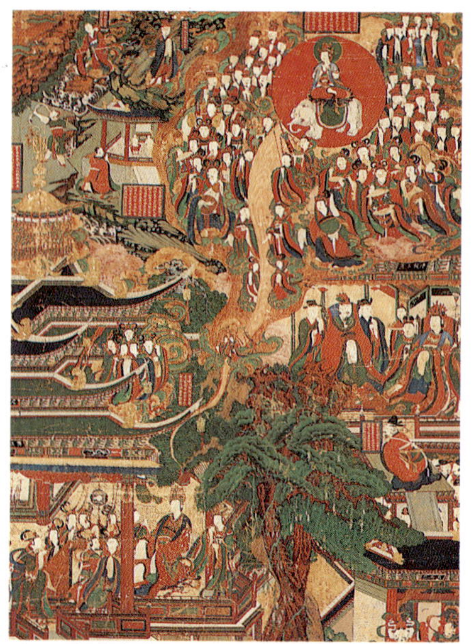

제1 도솔래의상

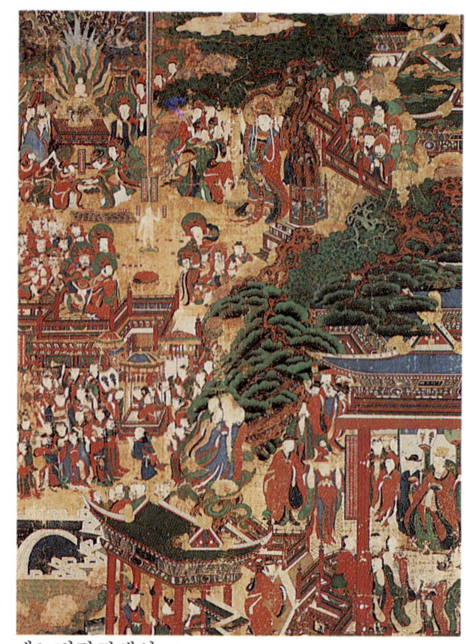

제2 비람강생상

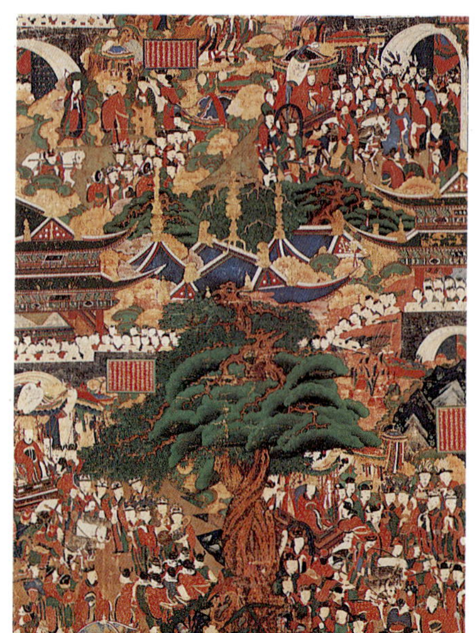

제3 사문유관상

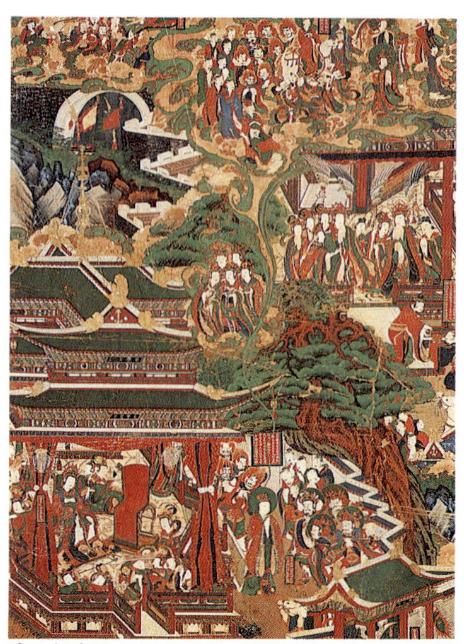

제4 유성출가상

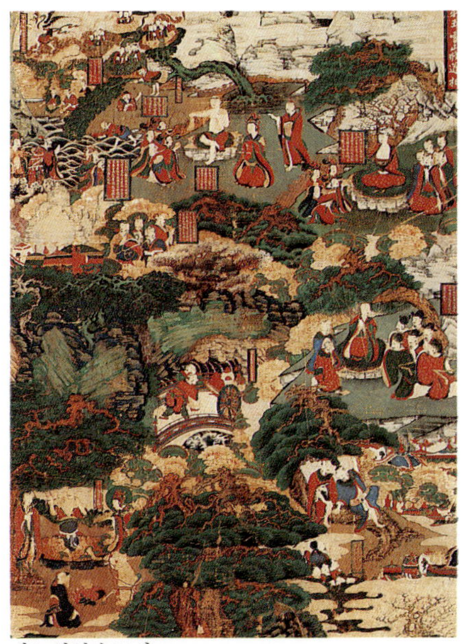

제5 설산수도상

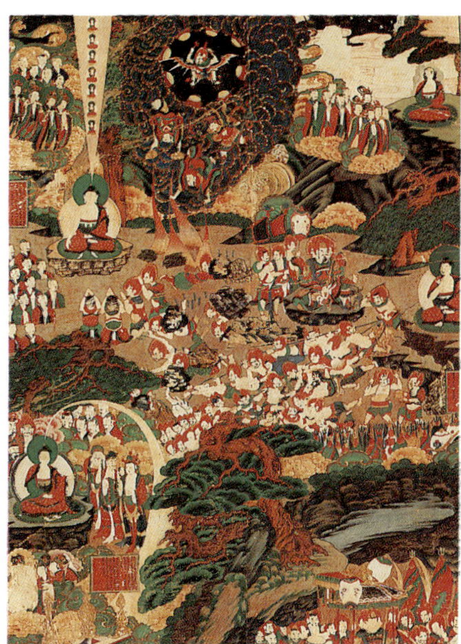

제6 수하항마상

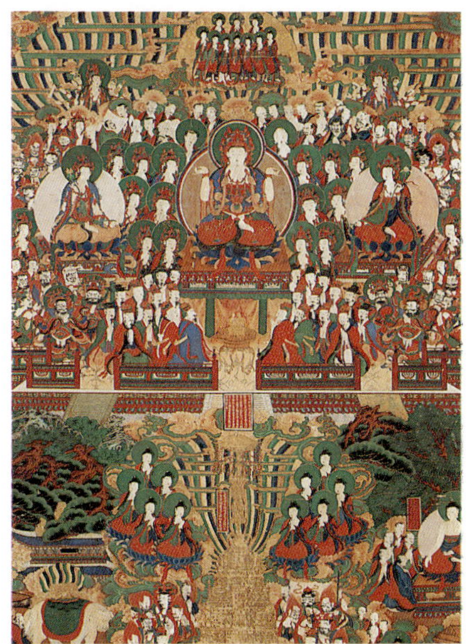

제7 녹원전법상

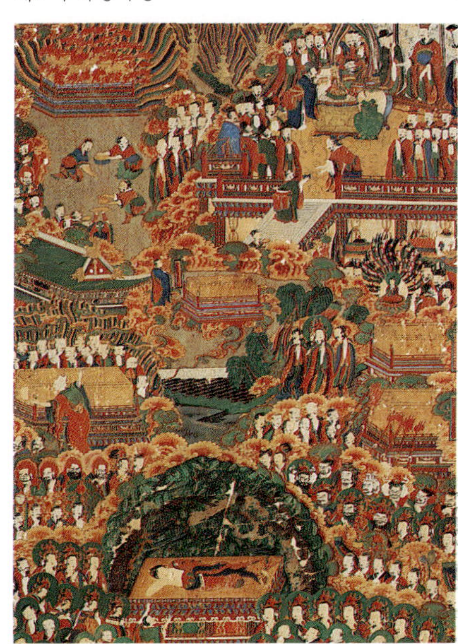

제8 쌍림열반상

화면은 각 내용을 압축 묘사한 5개 내지 7개의 장면으로 구성되어 있으며, 각 장면은 시간적으로 경과하는 이야기의 내용을 시선의 단절없이 이끌고 있어서 구성의 치밀함이 엿보인다. 더욱이 각 인물들의 특징적 묘사, 동적인 자세 등으로 화면에서는 생동감마저 느껴진다.

색은 빨강, 녹청, 군청에 더하여 황토를 많이 사용하였다. 특히 채색 감각이 뛰어나 자칫 번잡스러워질 수 있는 화면을 안정시키고 각 장면의 내용을 극대화시키는 분위기를 자아내고 있다.

이 팔상도는 어느 한 부분도 소홀함이 없는 치밀한 표현, 충실한 내용과 구성 그리고 화면의 크기 등에서 현존 조선조 팔상도를 대표할 만한 걸작이다.

비단에 채색, 각 가로 151센티미터, 세로 233.5센티미터이다.

비로자나삼신 불화(毘盧舍那三身佛畫)

비로자나불은 화엄종(경)의 주존불(主尊佛)로 부처의 광명이 어디에나 두루 비치게 한다는 뜻을 가지고 있다. 따라서 비로자나불을 모신 전각을 비로전, 대광명전 또는 대적광전(大寂光殿)이라 한다. 그리고 이들 전각의 후불화(後佛畫)로는 비로자나와 권속(眷屬)을 한 폭에 그린 비로자나 불화 또는 법신(法身) 비로자나불, 보신(報身) 노사나불(盧舍那佛) 그리고 화신(化身) 석가여래를 한 폭 또는 세 폭에 그린 비로자나삼신 불화를 봉안한다.

통도사 대광명전의 비로자나삼신 불화는 1759년 임한, 하한(夏閑) 등에 의해 제작된 3존 3폭의 큰 그림이다. 가운데의 비로자나 불화의 구성은 지권인(智拳印)을 취한 본존이 수미단에 놓인 연화좌 위에 앉아 있고 문수보살과 보현보살을 비롯한 14구의 보살과 성문들이 그 주위를 둘러싸고 있다.

비로자나 불화의 오른쪽에 걸려 있는 노사나 불화의 구성은 화면

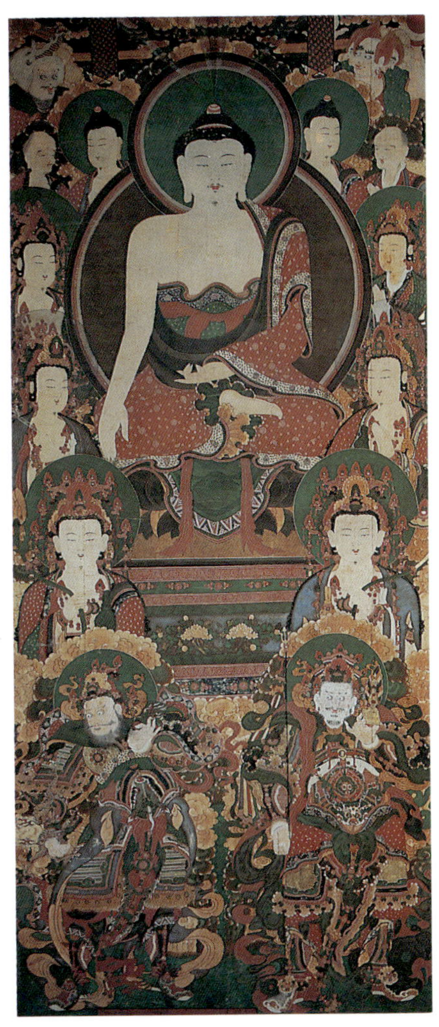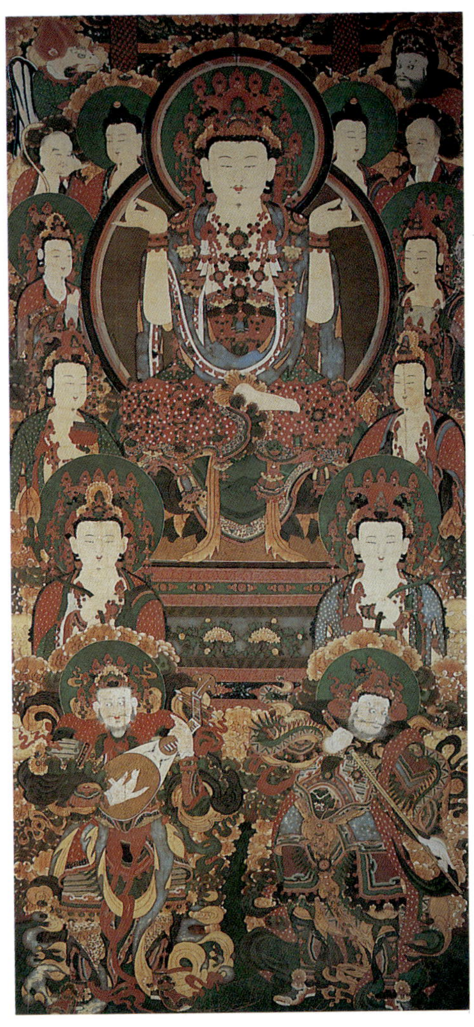

대광명전 비로자나삼신 불화 비로자나 불화를 중심으로 오른쪽에 걸려 있는 노사나 불화(오른쪽)와 왼쪽에 걸려 있는 석가여래도(왼쪽)이다. 이 두 불화는 화면 구성, 권속의 수 등이 일치하고 있다.

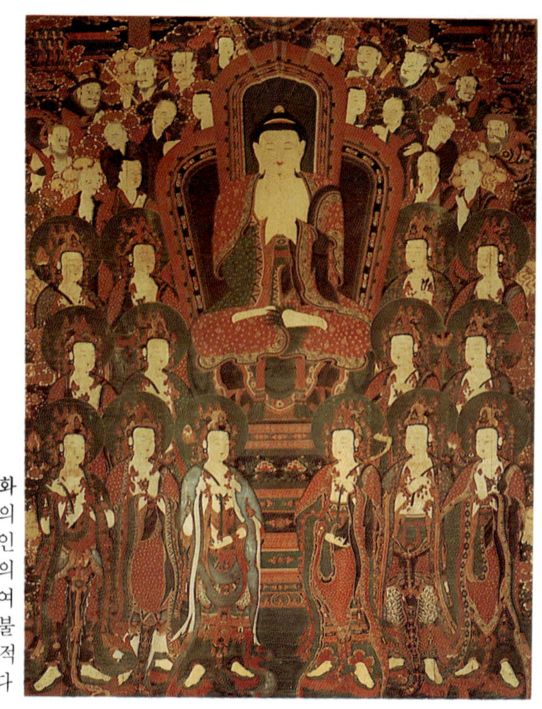

대광명전 비로자나 불화
당시의 삼신 불화의
일반적 구성 방법인
화면의 크기와 권속의
숫자까지도 달리하여
주존불인 비로자나불
의 절대 우위를 극단적
으로 부각시키고 있다

의 중앙 위쪽에 화관을 쓰고 양손을 어깨 높이로 들어서 손바닥을
위로 향한 자세로 앉아 있는 본존을 중심으로 6구의 보살, 2구의
사천왕(지국천왕, 증장천왕) 그리고 성문들이 좌우 같은 숫자로
나뉘어 배치되어 있다. 각 권속들의 배치는 화면의 폭이 좁아서인지
상하 일렬로 늘어서 있고 그 수도 비로자나 불화에 비하여 매우
적다. 석가여래도는 비로자나 불화의 왼쪽에 걸려 있고, 본존이 항마
촉지인의 인상을 취하는 것이 다를 뿐 노사나 불화와 화면 구성뿐만
아니라 권속의 수, 향하는 방향까지도 일치하고 있다.

색은 빨강, 녹청, 군청을 주로 사용하였으며 사천왕을 제외하고는 정돈되고 안정된 색채감을 느낄 수 있다.

눈에 두드러지는 특징적인 묘사법은 비로자나불의 가사깃 문양대에서 볼 수 있듯이 화려하나 눈에 거슬리지 않고 다른 부분들과 조화를 이루게 표현하고 있다는 것이다. 특히 석가여래의 오른쪽 권속 가운데 하나인 관음보살이 들고 있는 연화는 흰색의 윤곽선만으로 표현하고 있어서 신비감마저 자아내며 이러한 투명한 듯한 연화의 표현은 이 불화말고는 찾을 수 없는 특징적인 부분이다.

비로자나삼신 불화는 화면의 크기, 권속의 숫자까지도 달리하여 비로자나불의 절대 우위를 극단적으로 부각시키고 있다. 이러한 방법은 당시의 삼신 불화의 일반적 구성 방법이었던 것 같다. 어찌되었든 이 그림은 화면의 크기, 뛰어난 표현력 등으로 미루어볼 때 현존하는 비로자나삼신 불화를 대표할 만한 작품이라 하여도 과언이 아니다.

비로자나불도는 비단에 채색, 가로 315센티미터, 세로 460센티미터이고 노사나불도와 석가여래도는 비단에 채색, 각 가로 176센티미터, 세로 380센티미터이다.

아미타여래계(阿彌陀如來系) 불화

죽어서의 극락 왕생은 일반 대중들의 궁극적인 목표라고 말할 수 있다. 그 서방 극락을 주재하는 부처가 아미타여래로 이에 대한 신앙은 시대나 종파를 초월하였으며 아미타 불화 역시 어느 내용의 불화 못지않게 많이 제작되었고 종류 또한 매우 다양하다.

금선묘 아미타삼존도

통도사에는 본사(本寺) 및 암자에 모두 3점의 아미타삼존도가 소장되어 있다. 그 가운데 하나인 금선묘 아미타삼존도는 붉은색 바탕에 윤곽과 세부를 금선만으로 묘사한 것으로 1878년에 제작된 것이다.

화면 구성은 한가운데 아미타여래를, 그 좌우에 관음보살과 세지보살로 짐작되는 협시보살을, 윗부분 좌우에는 두 비구가 배치되어 있다. 색은 신체 부분과 두 협시보살의 지물에만 사용되었다.

이 그림은 필선이 활달하고 신체 묘사에 있어서도 크게 흐트러져 있지 않아 전체적으로 짜임새가 있고 안정되어 보인다.

이와 같은 좌상의 삼존도는 그리 흔하지 않은데 아마도 고려 때인 1330년에 제작된 일본 법은사(法恩寺) 아마타삼존도 계통의 불화의 영향을 받아 제작된 것으로 짐작된다.

비단에 채색, 가로 116센티미터, 세로 126센티미터이다.

아미타삼존 입상도

이 그림의 구성은 가운데에 아미타여래, 그 왼쪽에 관음보살, 오른쪽에 지장보살이 배치되었는데 모두 연화 대좌를 밟고 서 있는 모습이다.

아미타여래는 오른손을 아래로 길게 뻗고 있는 등 내영인(來迎印)에 가까운 손모습이다. 관음보살은 하얀 천의를 보관에서부터 전신을 덮고 있는 것처럼 표현되어 있고 보관에는 화불(化佛)이 있고 오른손으로는 정병(浄瓶)을 잡고 있다. 지장보살은 허리를 약간 틀어 상체는 아미타여래 쪽으로 굽히고 있고 얼굴도 아미타여래 쪽을 향하고 있다. 왼손에는 보주(寶珠)를 들고 오른손에는 석장을 잡고 있다.

색은 빨강, 녹청, 군청을 주로 사용하였으나 백록(白綠), 분홍, 주황 등 중간색도 많이 눈에 띈다.

이 그림은 삼존만으로 화면을 가득 메우고 있어 주제를 극대화시키려 했던 의도가 엿보이며, 제작 시기는 삼존의 크기가 같고 밝고 다채로우나 부조화를 이룬 색채 등으로 보아 19세기 후반으로 짐작된다.

한편 아미타삼존도에 세지보살 대신 지장보살이 나타나는 것은

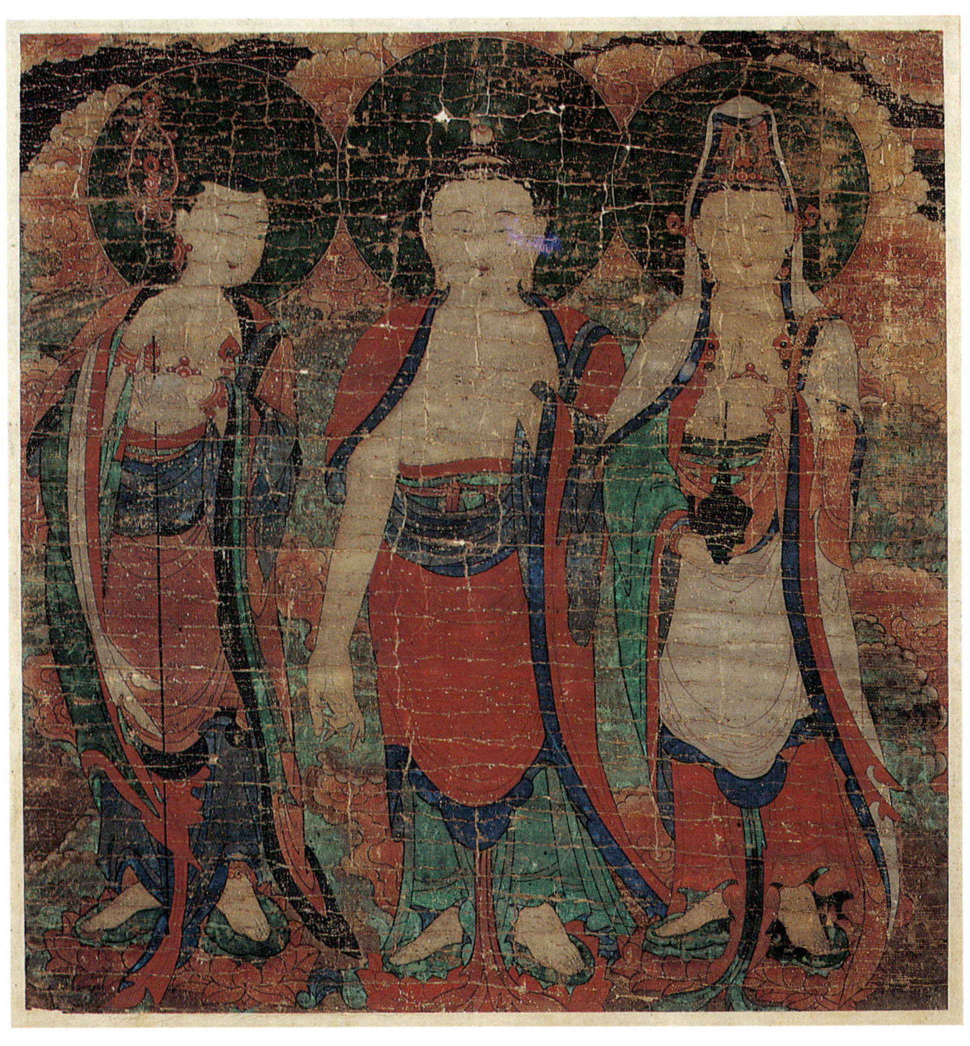

아미타삼존 입상도　19세기 후반의 작품으로 가운데에 아미타여래 그 왼쪽에 관음보
살, 오른쪽에는 지장보살이 배치되어 있다.

14세기 중반 이후의 경향으로 그러한 전통이 조선시대 말기까지도 면면히 이어져 왔음을 이 그림을 통하여 알 수 있다는 데 큰 의의가 있다. 또한 고려시대에는 이와 같은 도상을 아미타래영도로 이해하고 있었음도 기억해 둘 필요가 있다.

비단에 채색, 가로 49센티미터, 세로 58센티미터이다.

아미타회상도(阿彌陀會上圖)

아미타여래가 서방 정토에서 무량한 설법을 하고 있는 장면을 묘사한 것이다.

극락보전에 봉안되어 있는 이 그림은 1740년 양공 임한 등에 의하여 제작된 것이다. 화면 구성은 화면 한가운데 아미타여래가 앉아 있고 그 좌우에 10보살, 사천왕 그리고 여러 부처와 성문중들이 같은 수로 나뉘어 배치되어 있다.

색은 18세기 불화의 공통된 경향인 빨강, 녹청, 군청을 주로 사용하였으며 보존 상태 또한 좋아서인지 밝고 안정된 색채감을 느끼게 한다.

이 그림은 엄격한 좌우 대칭 구도, 많은 권속 등 경직되고 혼란을 가져올 요인을 갖고 있으나 화면의 공간감, 세부 표현의 능숙함 그리고 뛰어난 색채 감각 등으로 오히려 화면이 안정되고 자연스러워 보인다.

이 그림을 그린 임한은 이미 1734년에 영산회상도를 그린 바 있어 당대를 대표할 만한 화가였던 것 같다.

비단에 채색, 가로 310센티미터, 세로 282센티미터이다.

아미타정토도(阿彌陀淨土圖)

서방 극락 세계의 모습을 묘사한 것으로 아미타삼존을 비롯하여 시방제불(十方諸佛)과 보살들, 성문중 그리고 극락의 전각, 칠보 연못과 왕생의 장면들이 극적으로 묘사되어 있다.

취운암의 아미타정토도는 이러한 극락의 장면들을 잘 보여 준

다. 화면 구성은 가운데 윗부분에 아미타삼존 좌상과 시방제불을
그리고 좌우에는 극락의 전각이 배치되어 있다. 화면의 한가운데는
칠보 연못을, 그 좌우에는 주악과 왕생자를 인도하는 장면 등이
있으며 제일 아랫부분에는 온갖 보화로 장식된 일곱 그루의 극락수
가 놓여 있다.

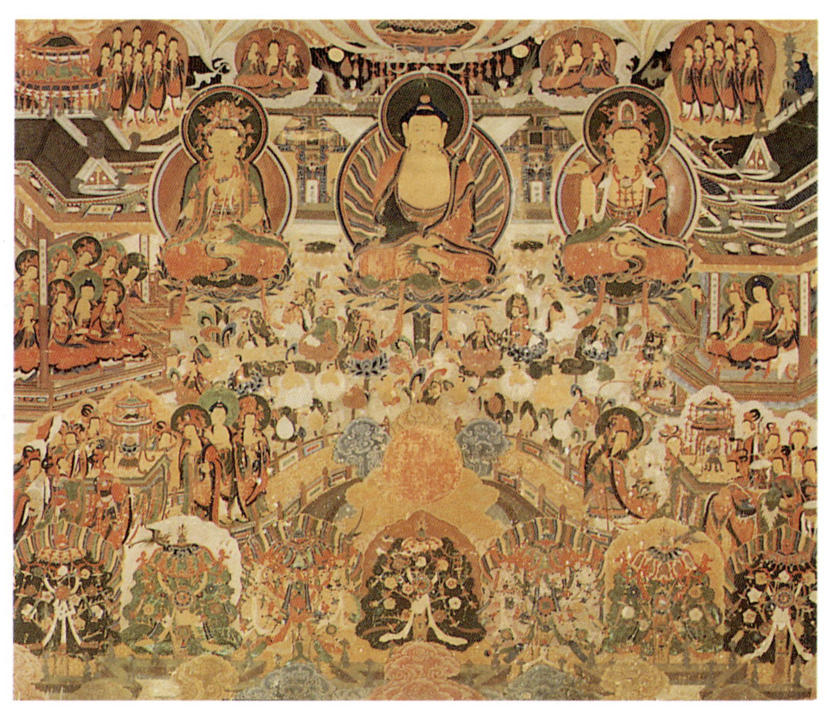

취운암의 아미타정토도　서방 극락 세계의 모습을 묘사한 것으로 현존하는 아미타정토
도가 별로 없다는 점에서 매우 중요한 그림이다.

색은 빨강, 군청, 녹청 못지않게 황토색을 상당히 많이 사용하여서 전체적으로 밝고 선명하다.

이 그림은 화면 가득한 여러 장면들로 인하여 번잡스럽게 보이기는 하나 각 장면들이 유기적으로 조화를 이루고 있어 극락 세계의 극적인 모습을 유감없이 전해 주고 있는 듯하다.

제작 시기는 알 수 없으나 색채, 화면 구성 등으로 미루어보아 1800년을 전후한 시기의 것으로 짐작되며 현존하는 아미타정토도가 별로 없다는 점에서 매우 중요한 그림이다.

비단에 채색, 가로 229센티미터, 세로 197센티미터이다.

반야용선도(般若龍船圖)

왕생자를 용선에 싣고 서방 정토로 인도해 가는 장면을 묘사한 것으로 통도사의 반야용선도는 1868년에 제작된 것이다.

화면 구성은 왕생자를 가득 태운 용선이 있고 용선 위에는 아미타 삼존 입상을, 용머리에는 인로보살(引路菩薩)이라 생각되는 보살이, 꼬리에는 석장을 든 지장보살이 각각 서 있는 모습으로 표현되어 있다.

이 그림의 색채, 묘선, 각 상들의 형체 비례 등은 18세기 불화들과는 직접적으로 비교할 수 없을 만큼 질(質)적인 면에서 뒤떨어진다. 그러나 조선시대의 반야용선도는 아미타정토도의 한 부분으로 표현되는 경우가 대부분으로(은해사) 이처럼 독립된 화면에 내용을 극대화시킨 예는 거의 없다는 점에서 매우 주목되는 그림이다.

비단에 채색, 가로 109센티미터, 세로 129센티미터이다.

약사여래도(藥師如來圖)

약사여래는 병고(病苦)와 재난을 제거하여 중생을 구제하여 주는 부처이다. 약사여래도는 왼손에 약합(약호)을 들고 있는 것이 도상적 특징이다.

통도사 약사전의 약사여래도는 1775년 양공 포관 등에 의해 제작된 것이다.

 화면 구성은 가운데에 약사여래가 결가부좌한 채 앉아 있고 그
주위에 일광보살, 월광보살을 비롯한 보살 무리와 약사12신장, 사천
왕, 성문중이 둥글게 에워싸고 있다.

 색은 빨강, 녹청, 군청을 주로 사용하였고 색채감도 18세기 불화
들의 일반적 경향과 상통하고 있다.

 이 그림에서 특히 주목되는 것은 각 상들의 배치에서 공간감을
느낄 수 있다는 것과 특히 성문중, 사천왕 등이 생동감을 느낄 수

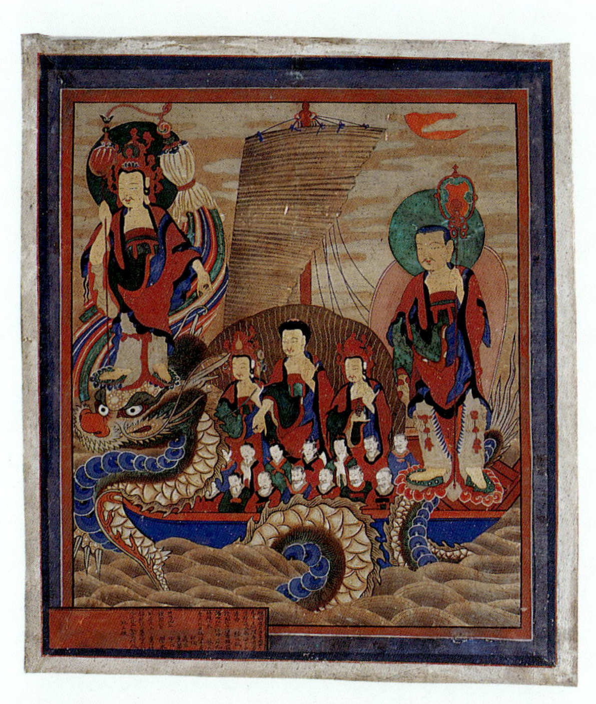

반야용선도 왕생자를 용선에 싣고 서방 정토로 인도해 가는 장면
을 묘사한 것으로 1868년 제작된 것이다.

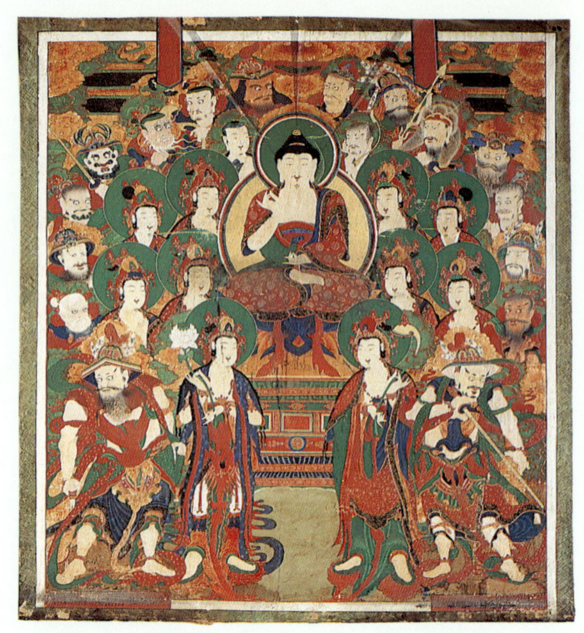

약사여래도 약사전의 약사여래도로 1775년 양공 포관 등에 의해
제작된 훌륭한 그림이다.

있을 만큼 사실적으로 표현되어 있다는 것이다.

이 그림의 제작을 책임졌던 포관은 같은 해에 석가팔상도도 제작
하여서 당대에 뛰어난 화가였던 것 같으며 이 약사여래도도 그에
걸맞게 그려진 훌륭한 그림이다.

비단에 채색, 가로 210센티미터, 세로 287센티미터이다.

지옥계 불화

지장보살은 고통에서 벗어나게 하고 지옥에 떨어진 인간들을
서방 정토나 해탈의 길로 인도해 주는 보살로서 관음보살과 함께
일반 대중에게 많은 사랑을 받았던 보살이다.

명부전 지장보살도

이 그림은 1798년 양공 지연(指演) 등에 의하여 제작된 것이다. 화면 구성은 한가운데 반가(半跏) 자세의 지장보살이 앉아 있고 그 좌우에 8보살, 무독귀왕과 도명존자 그리고 동자 등이 늘어서 있다.

색은 18세기 불화의 공통된 경향인 빨강, 녹청, 군청을 주로 사용하였다.

지장보살은 오른손을 어깨 높이만큼 올려 보주를 잡고 있고, 지물인 석장은 보이지 않는다. 특히 이 상에서 주목되는 것은 반가한 왼발을 왼손으로 잡고 있는 것으로 현존 지장보살도에서는 거의 유례가 없는 특이한 모습이다. 그리고 본존인 지장보살이 화면의 위아래에 걸쳐 아주 크게 묘사되어 권속들이 상대적으로 작게 보이는 점도 이 그림의 구성상 특징이라 할 수 있다.

이 그림은 주제의 극대화라는 제작 의도와 걸맞는 것 같고 이는 양공 지연이 이미 지장시왕도(1775년), 삼장보살도(1792년) 등의 제작을 책임졌던 화가였다는 것으로 미루어 충분히 납득이 간다.

비단에 채색, 가로 235센티미터, 세로 194센티미터이다.

한편 통도사에는 명부전 지장보살도말고도 시왕을 권속으로 하고 있는 백련암(1899년), 사명암(1920년), 취운암(19세기 후반) 지장보살도가 있다.

옥련암(玉蓮庵) 지장보살도

이 그림은 1888년에 제작된 것으로 한눈에 보아 알 수 있듯이 앞서의 지장보살도들과는 도상에 있어 많은 차이가 있다.

우선 화면 구성은 화면을 상하로 구분하여 위에는 가운데의 지장보살을 중심으로 좌우에 시왕들이 의자에 앉아 있고 배경은 병풍으로 둘러쳐져 있다. 아랫단에는 판관, 동자, 마두(馬頭), 우두(牛頭) 등 많은 권속들이 가로로 길게 늘어서 있다.

이와 같은 화면 구성은 지장보살도는 말할 것도 없고 어느 불교 도상에서도 찾아볼 수 없는 특이한 것으로 이 그림만의 특징이라 생각된다. 아마도 불교 도상의 규범에 혼란이 왔던 시기에 도교적 (道教的) 성격의 도상을 원용했기 때문이며, 불화에 있어서 다른 종교 도상과의 관련이란 면에서 매우 주목되는 그림이다.

비단에 채색, 가로 213센티미터, 세로 155센티미터이다.

한편 비로암에도 도상이 거의 같은 그림이 있는데 그것은 옥련암의 지장보살도를 그대로 보고 베낀 근년의 그림으로 생각된다.

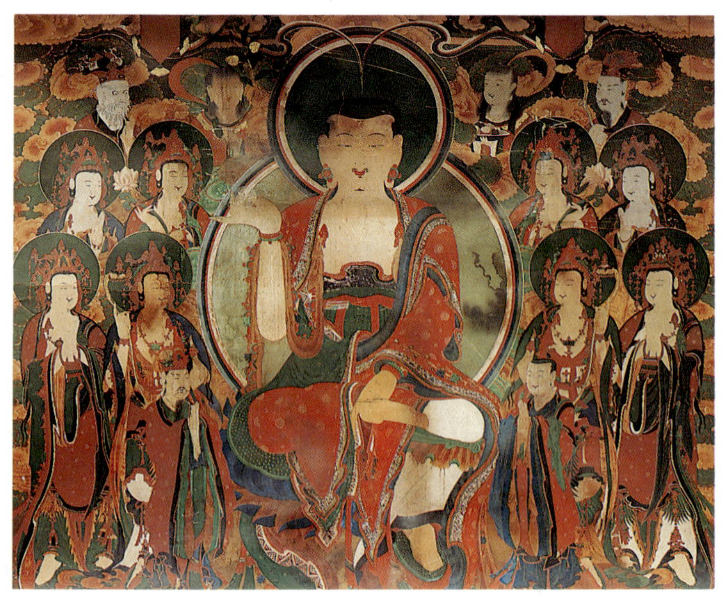

명부전 지장보살도　1798년 양공 지연 등에 의해 제작된 것으로 한가운데 반가 자세의 지장보살이 앉아 있고 그 좌우에 8보살, 무독귀왕과 도명존자 그리고 동자 등이 늘어서 있다.

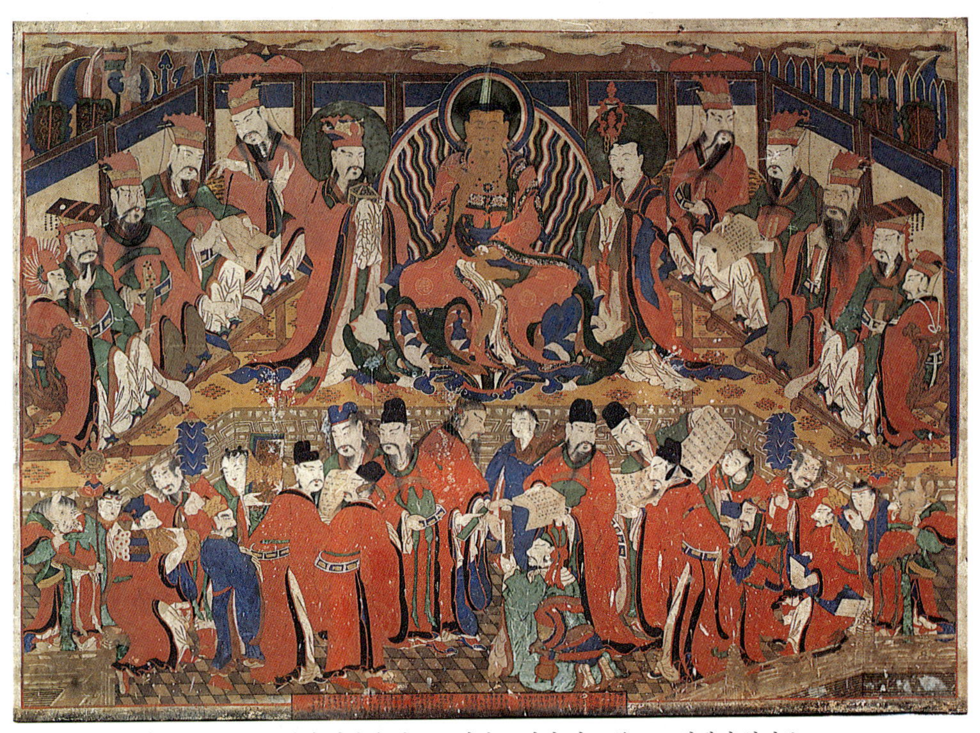

옥련암 지장보살도   1888년에 제작된 것으로 화면 구성이 어느 불교 도상에서 찾아볼
수 없는 특이한 것이다.

시왕도(十王圖)

사람이 죽으면 스스로가 저지른 죄악에 대하여 모두 10번의 심판
을 받게 된다고 한다. 시왕도란 그 10번의 심판 장면을 그림으로
표현한 것이며 이 그림은 지장보살도와 함께 명부전에 봉안된다.

통도사의 시왕도는 1775년 양공 지연 등에 의하여 제작된 것으로
모두 10폭으로 구성되어 있다.

시왕은 제1 태광대왕(第一 太廣大王), 제2 초강대왕(第二 初江大
王), 제3 송제대왕(第三 宋帝大王), 제4 오관대왕(第四 五官大王),
제5 염마대왕(第五 閻魔大王), 제6 변성대왕(第六 變成大王), 제7

태산대왕(第七 泰山大王), 제8 평등대왕(第八 平等大王),제9 도시대
왕(第九 都市大王), 제10 오도전륜대왕(第十 五道轉輪大王)이며 그
명칭이 화면의 윗부분 왼쪽 또는 오른쪽에 적혀 있다.

각 화면 구성은 거의 같아서 크게 위아래로 나뉘어 위쪽에는 가운
데 책상을 놓고 앉아 있는 대왕을 중심으로 좌우에 판관, 사자(使
者), 천인(天人), 동자 등 심판하는 장면이 있고 아래쪽에는 온갖
고통의 장면 곧 지옥 세계가 적나라하게 묘사되어 있다.

색은 빨강, 녹청, 군청을 사용하였고 다른 색의 사용은 아주 억제
되었다. 이 그림은 약간 앞선 시기의 시왕도(옥천사, 1744년)와
비교하여 볼 때 다른 점을 많이 지적할 수 있다. 우선 화면 구도에
있어 지옥의 장면이 확대되고 상대적으로 윗부분의 심판 장면이
작아져서 절대적 존재인 대왕의 모습에서 당당함을 볼 수 없다.
그리고 등장 인물의 수가 줄어들었고 배경에도 아무런 장식을 하지
않고 있음도 다른 점이다. 이러한 점으로 미루어볼 때 이 그림은
표현의 전통은 이어오면서 도상의 간략화 또는 형식화되어 가는
당시 불화 제작의 한 면을 잘 보여 주는 예라고 생각된다.

비단에 채색, 각 가로 87센티미터, 세로 120센티미터이다.

한편 통도사에는 시왕도와 같은 성격을 지닌 현왕도(現王圖)가
3점(1775, 1864, 1920년) 소장되어 있어 지장 신앙 또는 명부전
신앙에 많은 관심이 있었음을 짐작케 한다.

삼장보살도(三藏菩薩圖)

삼장보살은 천장(天藏), 지장(地藏), 지지(持地)보살을 일컫는
것으로 이 명칭이 어디에서 유래되었는지 아직 밝혀져 있지 않다.
현재로서는 지장 신앙이 확대, 심화되어 나타난 것으로 짐작하고
있을 뿐이며 우리나라말고는 어느 불교 문화권에서도 이에 대한
신앙은 찾아볼 수 없는 우리만의 독특한 것이다. 삼장보살도란 위의
세 보살을 그림으로 나타낸 것으로 그 도상학적 근거 역시 알려져

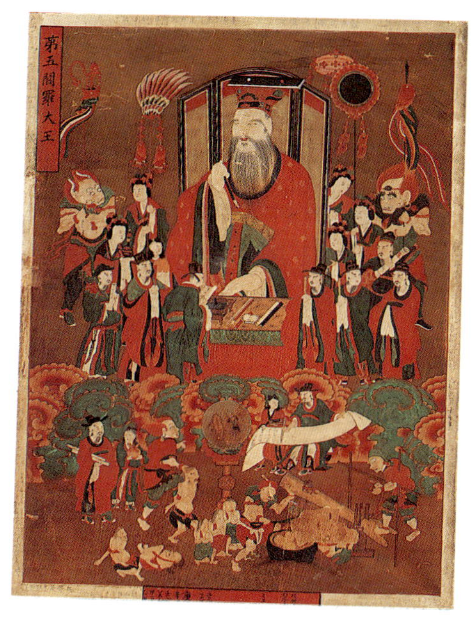
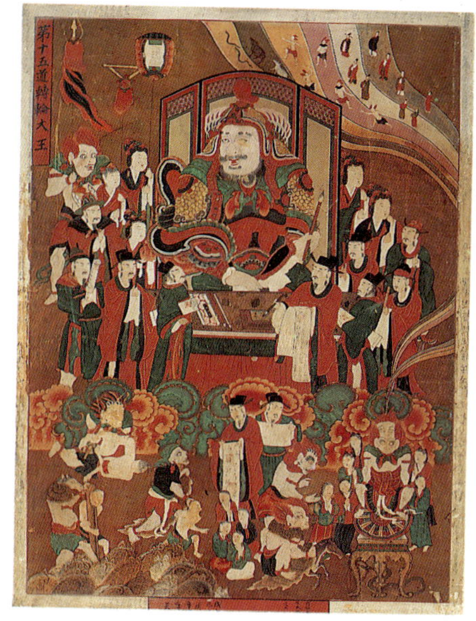

시왕도 1775년 양공 지연 등에 제작된 것으로 모두 10폭으로 구성되어 있다. 왼쪽은 제5 염마대왕이며 오른쪽은 제10 오도전륜대왕이다.

있지 않다.

통도사의 삼장보살도는 1792년에 제작된 것으로 한 폭의 화면에 세 보살을 그리고 있다.

화면 구성은 한가운데 천장보살이, 그 좌우 약간 낮은 위치에 지지, 지장보살이 앉아 있는 모습으로 배치되어 있다. 세 보살의 사이에는 천부중(天部衆), 신중(神衆) 및 시왕 등이 보이며 화면의 아랫부분에는 세 보살의 협시들이 있다. 형상은 천장, 지지보살은 보관을 쓰고 있고 지장보살은 민머리에 석장을 잡고 있다.

색은 역시 18세기 조선시대 불화의 일반적 경향인 빨강, 녹청, 군청을 주로 사용하였다.

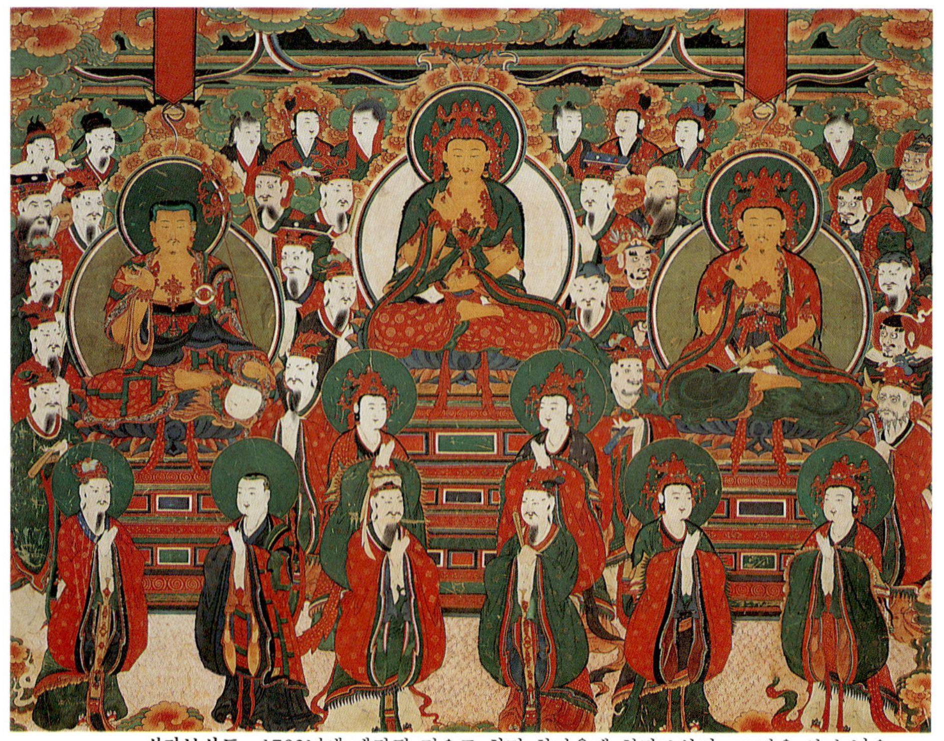

삼장보살도　1792년에 제작된 것으로 화면 한가운데 천장보살이, 그 좌우 약간 낮은 위치에 지지, 지장보살이 배치되어 있다.

　이 그림은 각 상들이 신체적 균형을 잘 유지하고 있고, 색의 배합이 적절하여 색채 감각이 뛰어나며 그에 걸맞게 묘선 역시 생동감이 있어 비록 18세기 말엽에 제작된 것이지만 아주 우수한 그림으로 평가된다. 이는 이 그림의 제작을 담당했던 화가 지연이 이미 지장시왕도(1775), 괘불화(1792년) 제작도 담당했었던 것으로 미루어 보아 이처럼 뛰어난 그림을 제작할 수 있었다고 짐작된다.

　비단에 채색, 가로 260센티미터, 세로 224센티미터이다.

감로왕도(甘露王圖)

감로왕은 서방 정토의 주존인 아미타여래이며, 감로왕도는 육도
(六道) 가운데 하나인 아귀의 세계에 빠진 중생을 구제하여 극락
세계로 인도하여 준다는 「우란분경(盂蘭盆經)」과 「목련경(目蓮經)」
의 내용을 그림으로 나타낸 것이다. 따라서 감로왕도를 '우란분경변
상도'라고도 한다.

통도사에는 3점의 감로왕도가 소장되어 있다. 그 가운데 대표적인
것은 1786년에 화사(畫師) 평삼(評三) 등에 의해 제작된 이 감로왕
도이다.

화면 구성은 윗부분에 관음, 지장보살을 협시로 한 아미타여래와
7여래가 가로로 길게 늘어서 있고 그 옆에는 인로왕보살이 보인

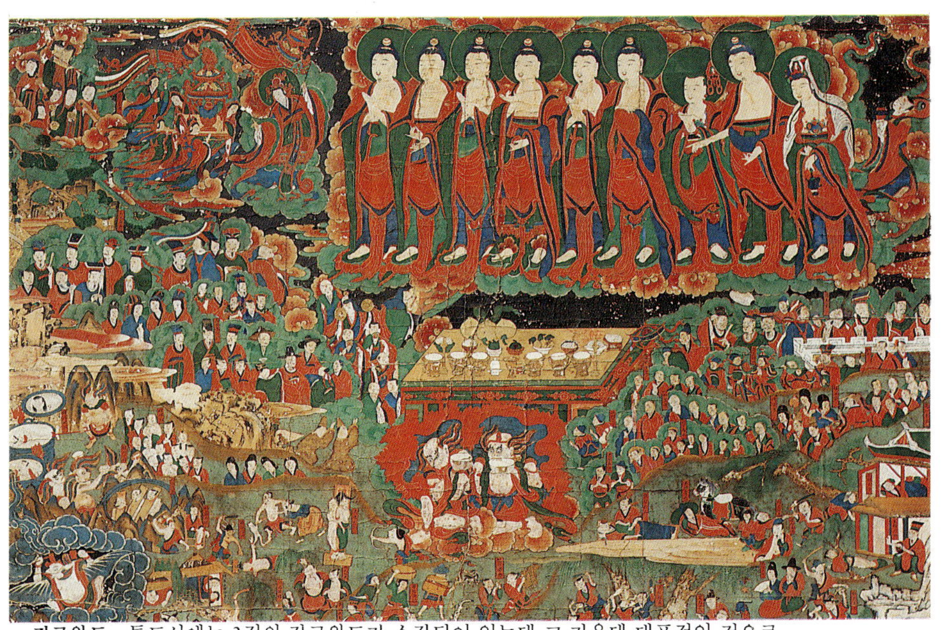

감로왕도　통도사에는 3점의 감로왕도가 소장되어 있는데 그 가운데 대표적인 것으로
1786년에 화사 평삼 등에 의해 제작되었다.

다. 한가운데에는 푸짐한 음식이 차려져 있고 바로 밑에는 2구의 아귀가 표현되어 있다. 그 밖의 부분에는 승려 및 일반 대중 그리고 육도(六道)의 고통스러운 장면 등으로 가득 차 있다.

색은 18세기 불화의 일반적 경향인 빨강, 녹청, 군청을 주로 사용하였다.

감로왕도는 인물, 산수 등 많은 요소로 구성되기 때문에 얼핏 보아 화면이 혼란스러워 보이나 각 장면들은 깊은 내용을 담고 있다. 그리고 각 장면 묘사에 있어 다른 내용의 불화들에 비하여 구속력을 덜 받는 편이어서 도상도 제작 시기에 따라 또는 제작자의 의도에 따라 많은 차이가 있다.

통도사의 감로왕도는 특히 은해사 감로왕도(1762년)와 많은 유사점을 지니고 있으며 내용도 충실하고 각 장면의 배치도 잘 정리되어 있다. 단지 7여래가 일렬로 배치되는 등 형식화의 경향도 엿보이고 있어 이러한 점이 시기적인 특징이라 생각된다.

비단에 채색, 가로 204센티미터, 세로 189센티미터이다.

신중도(神衆圖)

신중이란 불법을 수호하고 개인의 재난을 막아 준다고 하는 신이다. 신중에는 도리천의 주인인 제석천(帝釋天), 범천, 인왕, 사천왕 그리고 팔부중, 12신장 등이 있으며 이것들이 단독 또는 함께 그려진 그림을 신중도라 부른다.

제석도(帝釋圖)

이 그림은 1792년 제작된 것으로 통도사 신중도 가운데 제일 오래 된 것이다. 화면 구성은 한가운데에 합장을 한 제석천과 갑옷을 입은 위태천이 있고 그 주위를 왕, 동자 등이 둥글게 감싸고 있는 구도이다.

색은 빨강, 군청을 주로 사용하였고 퇴색에도 원인이 있겠지만 명랑함보다는 무겁고 가라앉은 분위기이다.

　화면 구성 요소를 단순하게 하여 주제만을 강조하려 했던 의도가 성공적으로 표현된 그림이다.

　비단에 채색, 가로 91센티미터, 세로 128센티미터이다.

제석, 천룡도(天龍圖)

　이 제석, 천룡도는 1804년 제작된 것으로 제석과 천룡을 2폭의 화면에 나누어 그리고 있다. 화면 구성은 2폭 모두 각각 제석과 천룡을 가운데에 두고 권속이 그 주위를 둘러싸고 있다.

　색은 빨강, 녹청, 군청에 덧보태어 금분(金泥), 백색을 부분적으로 사용하였다.

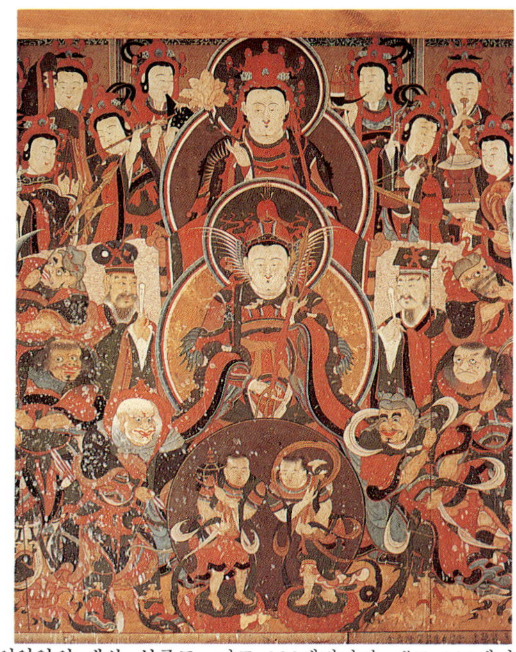

안양암의 제석, 천룡도　가로 120센티미터, 세로 128센티미터. 1896년.

이 그림은 각 상들의 신체 비례가 균형있고 밝은 색채감으로 명랑한 분위기를 주고 있으나, 특히 천룡도에서 느낄 수 있듯이 면의 구분이 많고 입체적 표현이 부족하여 번잡스러우며, 거기에 병풍을 배경으로 하고 있어서 더욱 더 평판화된 느낌을 갖게 한다. 그러나 2폭으로 된 제석, 천룡도라는 점에서 주목되는 그림이다.

제석도는 가로 183센티미터, 세로 220센티미터이고 천룡도 가로 185센티미터, 세로 238센티미터로 비단에 채색했다.

한편 이들 신중도말고도 통도사에는 오계수호신장도(五戒守護神將圖, 1736년), 팔부중도(1804년), 제석, 금강도(1893년)와 백련암 제석, 천룡도(1864년), 안양암 제석, 천룡도(1896년) 등 많은 신중도가 봉안되어 있다.

진영도(眞影圖)

진영도는 스님들의 초상화를 일컫는 말로 일반적으로 진영 또는 영정이라고도 한다. 통도사에는 80여 점을 헤아리는 진영이 있고 현재는 영각과 삼성각이라는 별도의 전각에 모시고 있다.

대체로 진영도에는 화기(畵記)를 적지 않고 상주(像主)의 명칭만 기록하고 있어서 정확한 제작 연대를 알 수 있는 것은 그리 많지 않다. 통도사의 경우도 예외는 아니어서 80여 점 가운데 제작 연대를 알 수 있는 것은 4 내지 5점에 불과하다. 그리고 각 진영도는 표현 기법상 약간의 차는 있으나 형식이 거의 같은 것도 특징 가운데 하나이다.

해송당 관준(海松堂 寬俊) 진영도

이 진영도는 1786년에 제작된 것으로 통도사뿐만 아니라 현존하는 조선시대 진영도 가운데 제작 연대가 확실한 독립된 진영도로는 가장 오래 된 것이다.

화면은 가로 81센티미터, 세로 106센티미터이며 바닥과 벽면

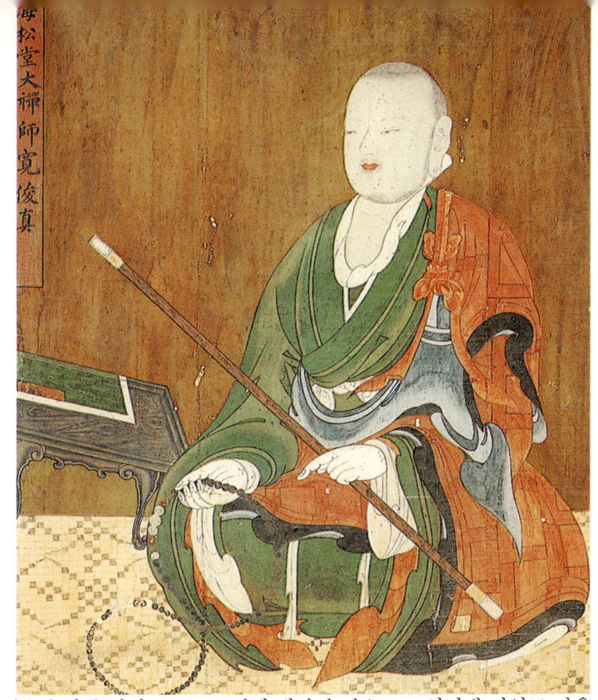

해송당 관준 진영도   1786년에 제작된 것으로 조선시대 진영도 가운데 제작 연대가 확실한 독립된 진영도로는 가장 오래된 것이다.

부분을 구분되게 표현하고 있다. 상형은 의지물이 없이 바닥에 앉은 모습이고 약간 왼쪽을 향하고 있다. 오른손에는 주장자를, 왼손에는 염주를 들고 있다.

색은 빨강, 녹청, 군청에 백색을 부분적으로 사용하였으며 조화있는 배합에 의해 매우 안정된 색채감을 느끼게 한다.

이 진영도는 앉은 자세가 완벽하지 못하여 전통적 형식이었던 의자에 앉아 있는 모습에서 완전히 탈피하지 못했음을 볼 수 있다.

한편 이 밖에도 삼성각의 진영도는 현존하는 삼화상(나옹, 지공, 무학) 진영도 가운데 가장 오래 되고(1807년) 우수한 것으로 평가되며, 추파당 대명(秋波堂 大明, 1801년), 영한당(永閑堂, 1805년) 진영도 등은 당대를 대표할 만큼 훌륭한 그림들이다.

괘불화(掛佛畵)

괘불화는 특별한 법회나 의식을 밖에서 거행할 때 사용하기 위해서 만들어진 대형의 불화를 말한다. 따라서 괘불화란 명칭 자체는 특별한 개념을 가진 용어는 아니고 단지 별도의 걸개를 마련하여 매단다는 불화라는 뜻만을 지니고 있다.

통도사에는 3점의 괘불화가 소장되어 있다. 그 가운데 1792년에 제작한 괘불화는 1767년에 제작한 것을 모본으로 하여 만든 것 같고 또 다른 하나는 제작 연대를 알 수 없으나 비교적 작고 근래에 그려진 것 같다. 따라서 이 글에서는 1767년 제작된 것 1점만 살펴보고자 한다.

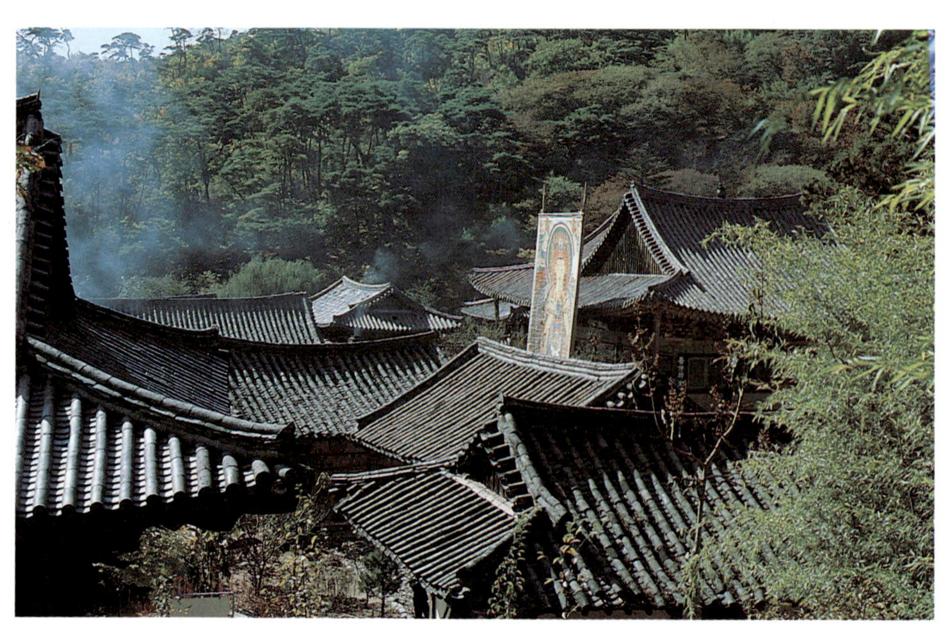

괘불 특별한 법회나 의식을 밖에서 거행할 때 사용하기 위해 만들어진 대형 불화로 1767년 제작된 것이다.(위, 옆면)

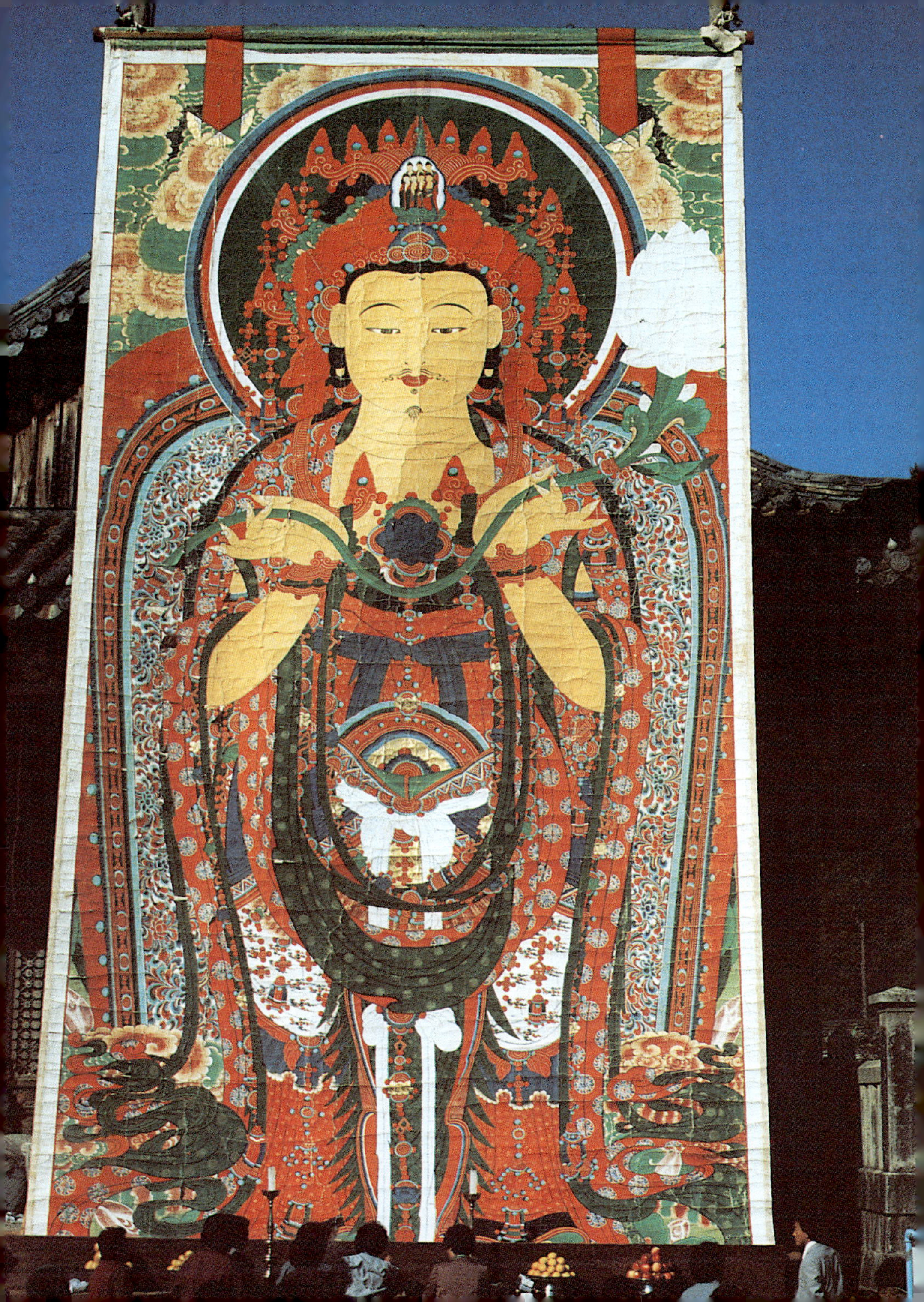

이 괘불화는 가로 493센티미터, 세로 1204센티미터로 그 기능에 걸맞게 초대형이다.

형상은 보관에는 일곱의 화불이 있으며 양손으로 연화 줄기를 받쳐들고 있고 두광은 원형, 신광은 '키'형이다.

색은 빨강, 녹청, 군청을 주조색으로 하여 시대적 경향을 보여주며, 천의의 각 부분 특히 신광에 집요할 만큼 가득 표현한 문양과 다채로움으로 인하여 현란한 느낌을 준다. 그 반면에 보관은 의외로 단조롭게 표현되어 있고 얼굴 형태 역시 넓적하여 극단적인 차를 보이고 있다.

이 괘불화는 장식적 효과에 많은 주의를 기울이고 있으나 균형잡힌 신체, 활달한 색채 등 조선시대 독존의 괘불화를 대표할 만한 그림이다. 한편 보살의 명칭은 일반적으로 관음이나 미륵보살로 추정하고 있을 뿐 정확한 상명(像名)은 아직 확실하지 않다.

벽화(壁畫)

통도사의 많은 전각에는 관심을 끄는 벽화가 상당히 많이 있다. 그 가운데에서도 영산전의 벽화는 내용뿐 아니라 화격(畫格) 또한 높아서 특히 주목된다. 영산전은 통도사의 전각 가운데 가장 오래된(1704년) 것이기도 하여 벽화가 지니는 미술사적인 의미가 크다.

벽화 가운데 가장 주목되는 그림은 서쪽 벽면을 가득 메우고 있는 석가와 다보여래 곧 이불병좌상(二佛並坐像)이 있는 다보탑 그림이다. 화려하게 장식된 탑, 석가, 다보여래의 설법을 듣는 보살과 성문중 등이 적절하게 분산 배치되어 있고 색채 또한 빨강, 녹청, 군청에 더하여 황토, 백색을 알맞게 사용하여 밝고 화사하며 특히 중간 색조에 의한 구름은 부드럽고 아름답다.

이 벽화는 벽면 공간을 잘 이용한 구성의 치밀함, 뛰어난 색채

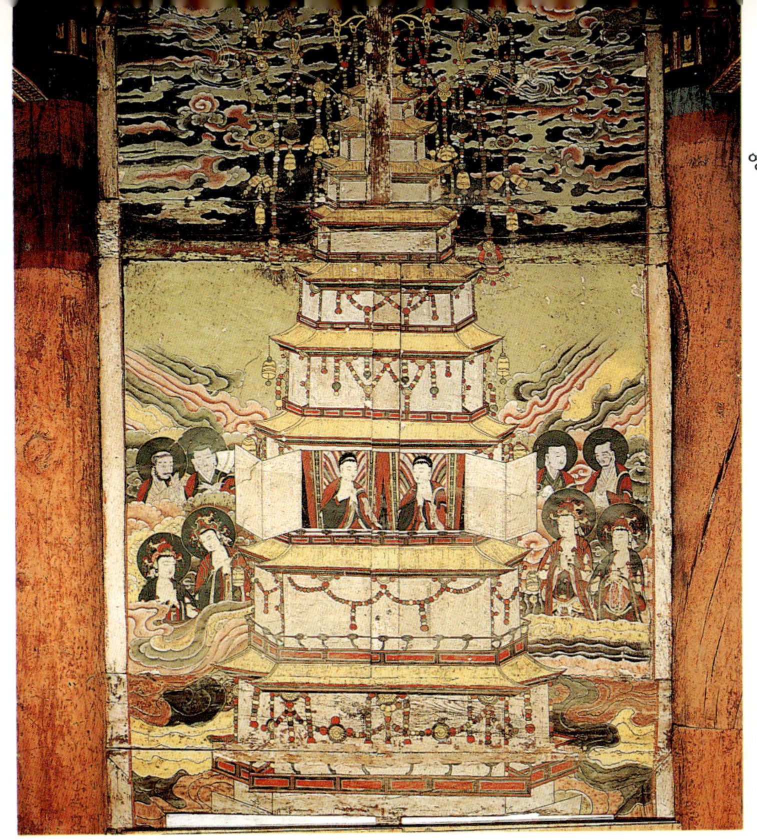

감각 등 상당한 수준의 화가에 의하여 제작되었음을 짐작케 한다.
특히 대형이면서 독립된 이불병좌상이 있는 다보탑 그림으로는
유일한 것으로 본격적인 조사와 보존 대책도 강구되어야 한다.

통도사에는 지금까지 살펴본 것 말고도 많은 불화들이 있다. 예를
들어 칠성도, 나한도, 여래도, 보살도 등이 있으며 특히 팔금강도
(八金剛圖, 1736년)와 같이 도상에서나 미술사상에서 주목되는 그림
들도 적지 않다. 그야말로 통도사는 조선시대 불화의 보고(寶庫)
라고 하여도 과언이 아니며, 불화의 역사를 이해하는 데 통도사의
불화를 제외하고는 불가능하다고까지 단언할 수 있다.

건조물

금강계단

금강계단은 부처님의 사리를 모신 곳으로 일종의 사리탑이라 할 수 있으며 부처님 사리의 전래 및 계단의 축조 경유가 「삼국유사」 권3 '탑상 제4 전후 소장사리(前後 所將舍利)'에 자세히 기록되어 있다.

금강계단은 상하 2단의 구조로 아랫단 한 변의 길이는 약 9.8미터이고 윗단은 약 7미터이며, 높이는 상하 각 40센티미터, 82센티미터이고, 한가운데에는 높이 약 150센티미터의 석종(石鐘)이 놓여 있다. 그리고 한 변이 약 13.7미터인 돌 울타리로 계단을 두르고 있고 남쪽 한가운데에 출입구인 돌문(石門)이 있다.

각 단 벽면의 세부는 하단의 경우 여래 및 팔부중 등 32상을, 상단은 비천상을 부조로 새겨 놓았다. 그리고 사방 네 귀퉁이에는 사천왕상이 놓여 있다.

금강계단은 「삼국유사」에 의하면 7세기 중반에 처음 축조된 것 같다. 그 뒤 일곱 번에 걸친 수리가 있었고 그때마다 모습이 변하여 지금은 원래의 것과는 많은 차이가 있다. 현재의 금강계단은 석종형의 부도, 각 상들의 조각 수법 등으로 미루어보아 17세기 이후의 것으로 짐작된다. 그러나 모습은 바뀌었지만 문헌 기록상 가장 오래된 계단이며, 같은 성격을 띤 금산사, 용연사의 것에 비하여 규모가 크고 조형상 아름답다는 점에서 우리나라의 계단 가운데 첫번째로 손꼽는다.

3층석탑

극락보전의 앞에 있는 이 3층석탑은 전체 높이가 약 3.5미터로 기단은 이중이며 하층 기단에는 안상(眼象)이 새겨져 있고 상층

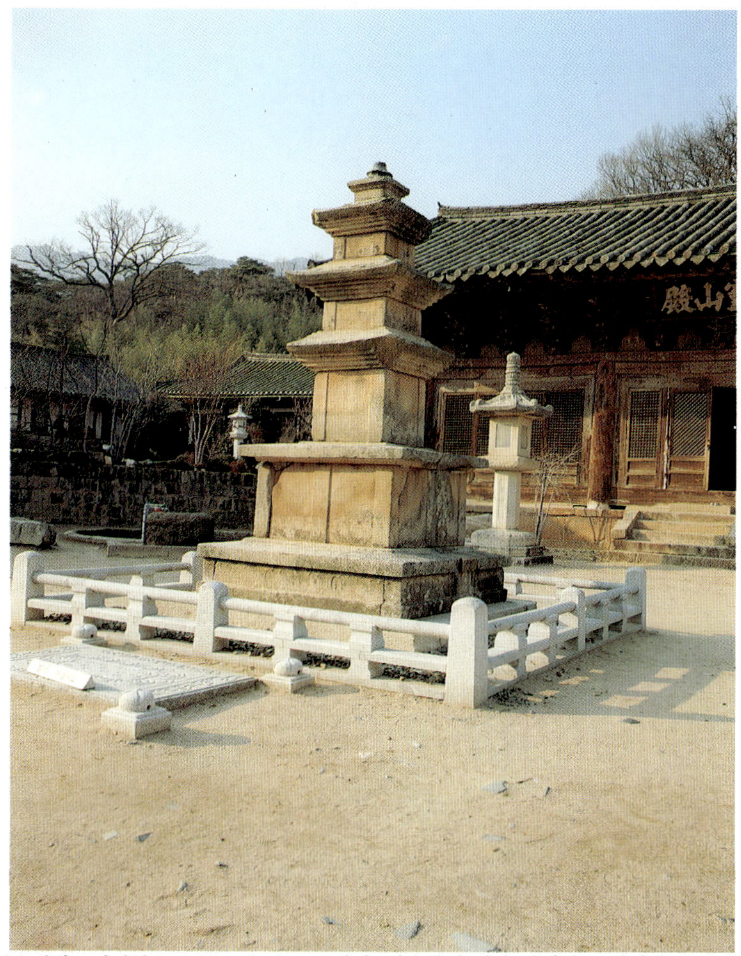

3층석탑 전체적으로 규모가 작고 구성이 단순하여 신라 말이나 고려시대 초기에
건립된 것으로 추정된다.

기단에는 우주와 탱주(撑柱)가 도드라지게 새겨져 있다.

옥개석은 네 귀퉁이가 손상을 입었으며, 옥개 받침은 4단이고
상륜부는 노반(露盤)과 복발(覆鉢)의 일부가 남아 있을 뿐이다.

전체적으로 보아 이 3층석탑은 규모가 작고 구성이 단순하며

안상의 모습으로 미루어보아 표현 역시 매우 소극적이고 형식적이다. 따라서 신라 말이나 고려시대 초기에 건립된 것으로 추정된다.

통도사에는 이 탑말고 개산조당 앞에 1920년에 건립된 5층석탑이 있다.

봉발탑(奉鉢塔)

봉발탑은 통도사 경내의 석조물 가운데 유일한 국가 지정 문화재(보물 471호)로 용화전 앞에 세워져 있다. 전체 높이는 약 230센티미터이며 네모난 지대석 위에 둥근 받침석을 놓고 그 위에 네 귀퉁이를 깎아 낸 4면체의 기둥(竿石)을 세웠다. 그리고 기둥 위에 앙련(仰蓮)이 새겨진 둥근 연화대가 있고 다시 그 위에 뚜껑이 덮인 둥근 모양의 그릇(鉢, 鉢盂)을 올려 놓았다. 전체적으로 뚜껑이 약간 둔중해 보이기는 하나 그릇의 형태, 부분 묘사가 사실적이어서 크기에 비하여 가볍게 느껴지며 받침대와도 시각적인 균형을 유지하고 있다.

이 봉발탑은 가섭존자가 석가의 발우와 가사를 미래불인 미륵불에게 바치기 위하여 기다리고 있다는 불경의 내용을 상징하여 만든 것으로 알려져 있다. 한편 건조물의 성격으로 미루어볼 때 그 명칭도 봉발탑이라고 하기보다는 석조 발우(石造鉢盂)라 하는 것이 타당하다.

제작 시기는 선각에 가까운 연화문의 조각 수법, 용화전 창건(1369년) 시기 등으로 미루어보아 고려시대 말엽으로 짐작된다.

이 밖에도 통도사에는 태강 11년(太康十一年；1085) 명의 배례석(拜禮石)과 고려시대 말엽에 건립된 것으로 보이는 석등이 있고 절의 경내는 아니지만 2개의 국장생 석표(國長生石標, 1085년, 보물 74호) 등의 석조물이 있다.

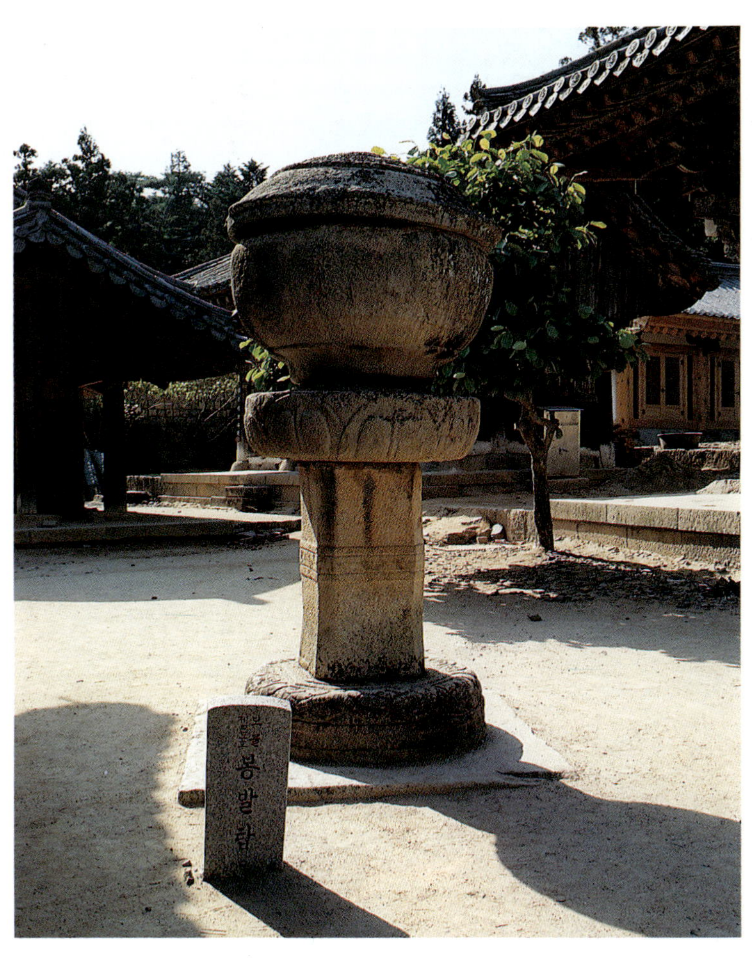

봉발탑 통도사 경내의 석조물 가운데 유일한 국가 지정 문화재로 용화전 앞에 세워져
  있다. 보물 471호.

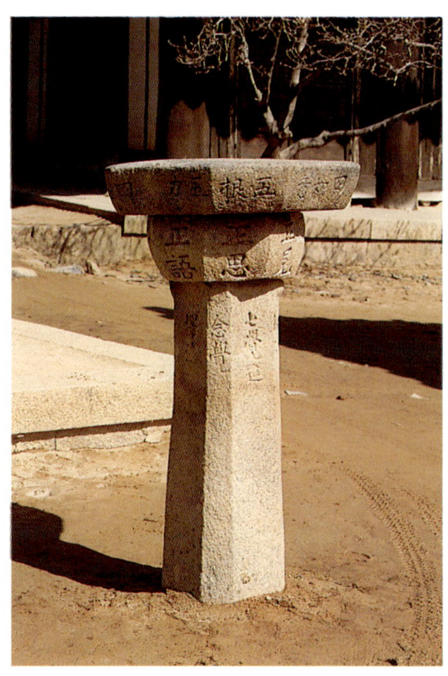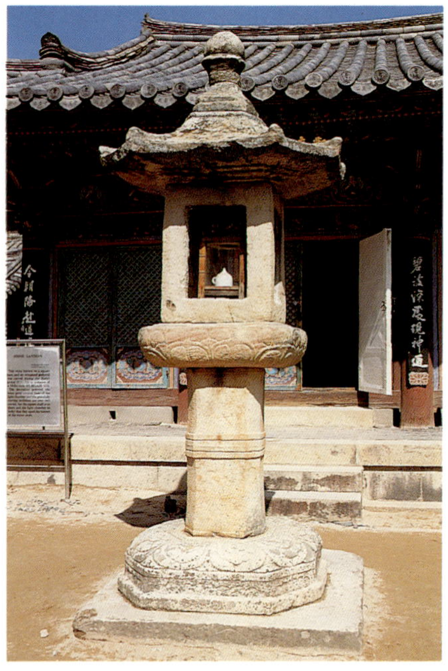

석등과 석조물 석등(위 오른쪽)은 관음전 앞에 있는 것이며, 석조물(위 왼쪽)은 개산 조당 앞에 있는 것으로 불교에서 이르는 실천, 수행하는 여덟 가지 덕목인 팔정도 (八正道)가 새겨졌다.

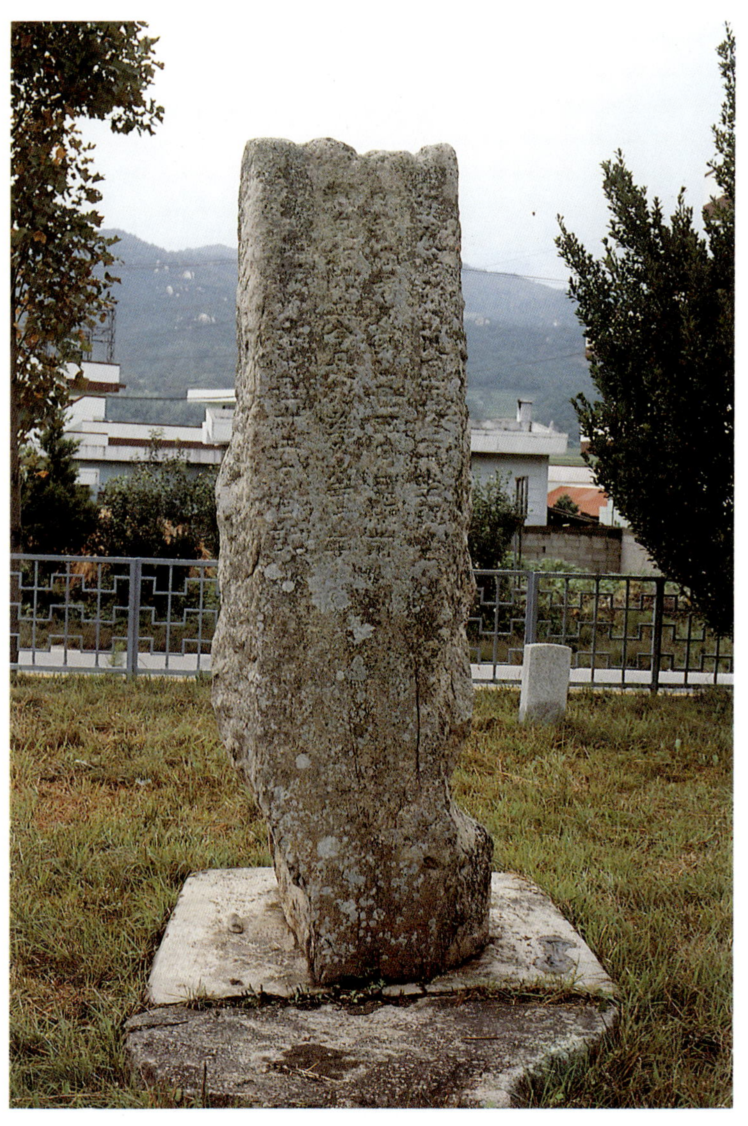

국장생 석표　가로　60센티미터, 세로 166센티미터. 1085년. 보물 74호.

공예품

청동 은입사 향완

보물 334호로 지정된 것으로 높이가 33센티미터, 윗지름이 30센티미터, 받침대 지름이 24.7센티미터이다.

고려시대의 전형적인 형태를 따르고 있는 이 향완은 전면에 보상화문, 연화문, 운문, 봉황문 등 다양한 문양을 정교한 은입사로 표현하였으며 노신부(爐身部)의 네 개의 원좌(圓座)는 별도의 주석판(朱錫板)에 범자(梵字)를 새겨 못으로 고정시켰다.

전체적으로 보아 이 향완은 입사의 수법이 뛰어나며 전면에 가득한 문양이 번잡스럽지 않고 조화를 이루고 있는 등 정교하고 화려한 우수한 작품이다. 제작 시기는 고려시대 중엽으로 짐작된다.

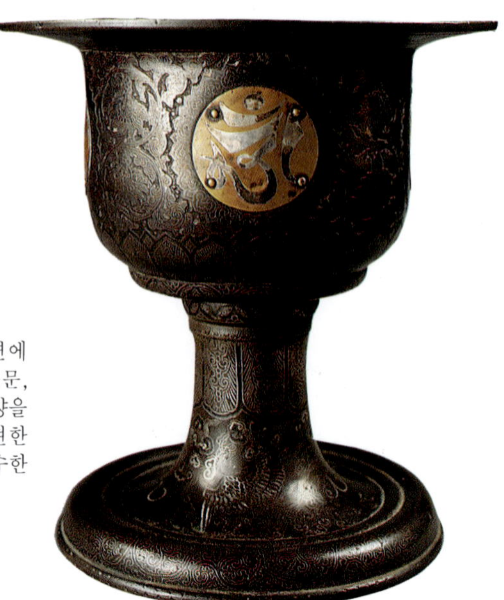

청동 은입사 향완 전면에 보상화문, 연화문, 운문, 봉황문 등 다양한 문양을 정교한 은입사로 표현한 고려시대 향완으로 우수한 작품이다. 보물 334호.

강희 13년명(康熙十三年銘) 청동 은입사 향완

높이가 49.5센티미터, 윗지름이 48.5센티미터로 향완으로서는 매우 큰 것으로 1674년에 제작된 것이다.

전면을 연화문, 봉황문 등으로 장식하였고 원좌는 몸체에 직접 은입사하여 나타냈다. 전체적으로 보아 앞서의 향완에 비하여 규모에서는 훨씬 크나 곡선적이라기보다는 직선적이며, 세부의 생김새도 매우 단조로워 투박한 느낌을 준다. 그리고 장식 문양도 단조로우며 은입사 수법 역시 소극적이다. 아마도 이러한 점은 제작 시기에 따라 나타나는 차이인 것 같아 시대적 경향을 파악하는 데 좋은 자료가 된다. 이 향완은 규모가 크다는 점과 조선시대 향완의 제작 편년의 기준이 된다는 점에서 그 가치가 인정된다.

한편 통도사에는 이상의 2점의 향완말고도 고려시대 말기 제작으로 짐작되는 또 하나의 향완이 소장되어 있다.

청동 소탑(靑銅小塔)

기단부와 상단부는 없고 3층의 탑신과 상륜부만 남아 있다. 각 층에는 난간이 둘러져 있고 지붕에는 세밀하게 기왓골이 새겨져 있으며 지붕 끝 모서리마다 용머리가 장식되어 있고 풍탁(風鐸)이 매달려 있다. 탑신에는 기둥, 공포 등 목조 건축의 요소들이 간략하게 표현되어 있다.

이 탑은 비록 현재의 것만 가지고는 원래의 모습을 복원해 보기는 어렵지만 세부의 표현으로 미루어보아 섬세하고 화려한 아름다움을 지녔던 것으로 짐작된다. 특히 이 탑에서 주목되는 것은 완전하지는 않지만 찰주(擦柱)와 상륜부가 남아 있다는 것으로 이는 현존하는 청동 소탑 가운데에서도 그 유례가 많지 않다는 점에서 매우 중요한 자료이다. 제작 시기는 형식화의 경향이 엿보이기도 하여 고려시대 말엽으로 추정된다.

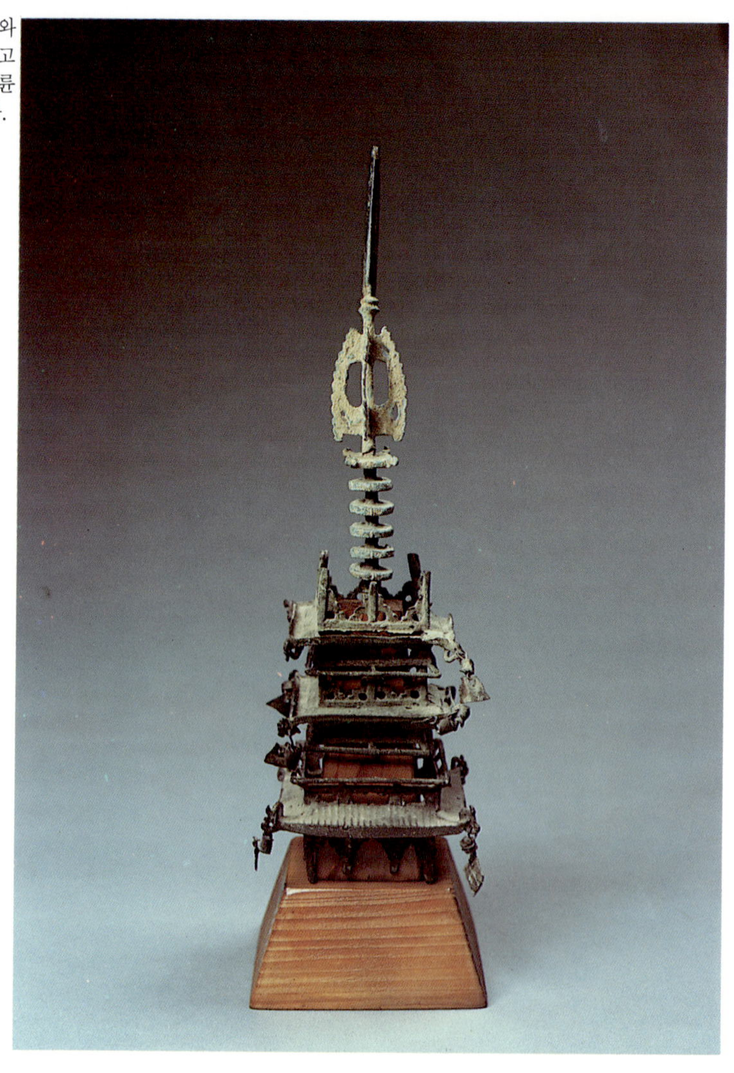

이 밖에도 통도사의 공예품으로는 고려시대의 청동 요령, 청동
은입사 정병, 1436년에 제작된 청동 소종(靑銅小鐘) 한 쌍 그리고
1652년 제작된 금동 천문도판(金銅天文圖板) 등이 있다.

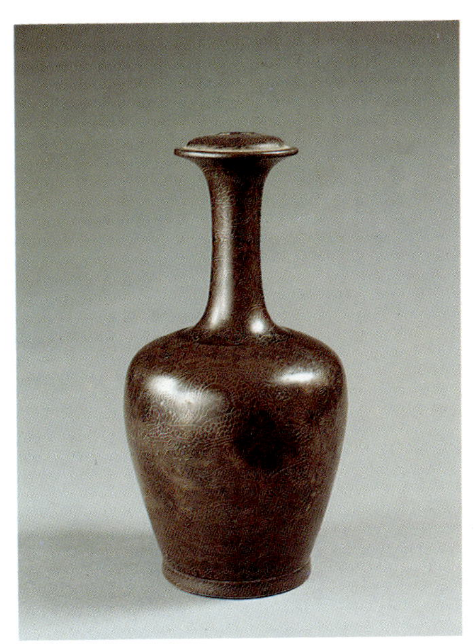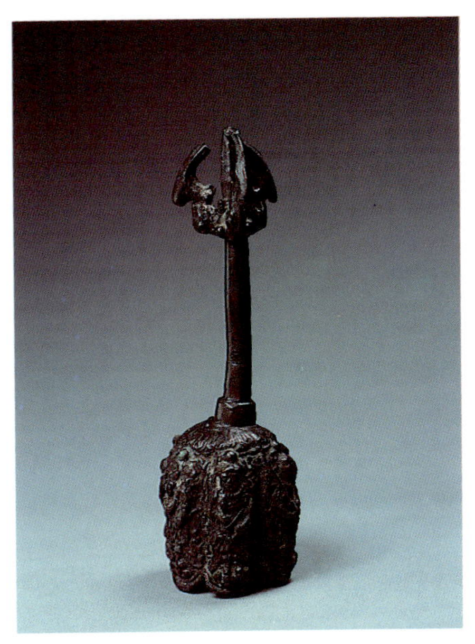

청동 은입사 정병(위 왼쪽)
청동 요령(위 오른쪽)
금동 천문도판 (왼쪽)

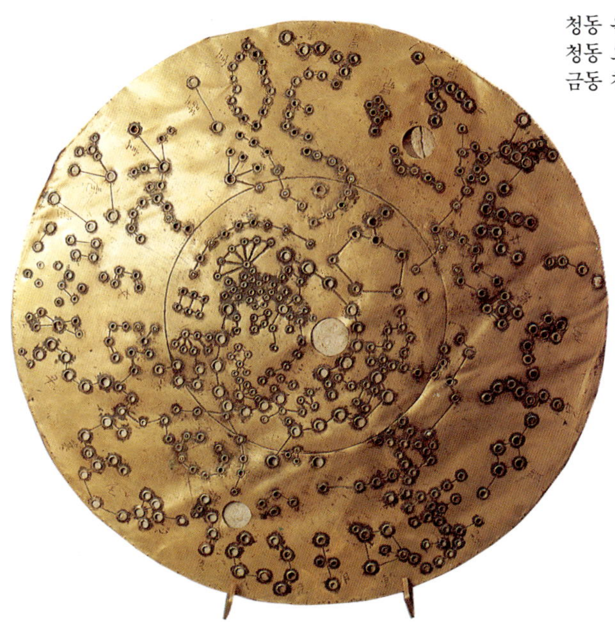

불교 조각

금동상

통도사에는 고려시대 이전의 불교 관계 유물은 그다지 많지 않다. 불, 보살상의 경우도 예외는 아니어서 통일신라, 고려시대의 것을 헤아려도 불과 몇 점에 지나지 않으며 손상이 없이 완전한 것은 3, 4점에 지나지 않는다.

그 가운데 금동 여래 입상(높이 3.5센티미터)은 광배는 없지만 거의 완형에 가까운 유일한 불상이다. 이 불상은 신체 부분과 대좌가 함께 주조되었다. 육계가 크고 옷주름은 U자형을 이루고 있으며 당시의 것인지 확인할 수는 없지만 도금이 많이 남아 있다. 제작 시기는 통일신라시대 전반으로 짐작된다.

언급할 만한 또 다른 하나는 현재 허리 윗부분만 남아 있는 금동 보살상(6.5센티미터)이다. 이 보살상은 불에 탔던 것 같으나 높은 보관, 둥글고 살이 오른 얼굴, 장식적인 목걸이 등을 통하여 원래의 모습을 조금은 엿볼 수 있다. 신체는 당당하고 섬세한 장식미, 우수한 조각 수법 등으로 뛰어난 보살상이었던 것 같다. 제작 시기는 통일신라 시대인 8세기로 짐작된다.

마애 삼존 불상(磨崖三尊佛像)

자장암(慈藏庵)에 있는 이 불상은 1896년에 제작된 것으로 본존의 높이는 약 400센티미터 정도이며 양쪽의 돌출된 바위에 서로 마주보게 새겨진 두 보살상은 그보다 조금 작다. 이 마애 삼존상은 자연 암벽을 그대로 이용하여 선으로써 각 상의 윤곽과 세부를 나타내고 있다. 그러나 광배, 가슴 부분 등을 쪼아내어 다듬었으므로 그 밖의 얼굴, 손, 법의 등이 약간 도드라졌고, 이로 인하여 완전한 평면성은 피하고 있다.

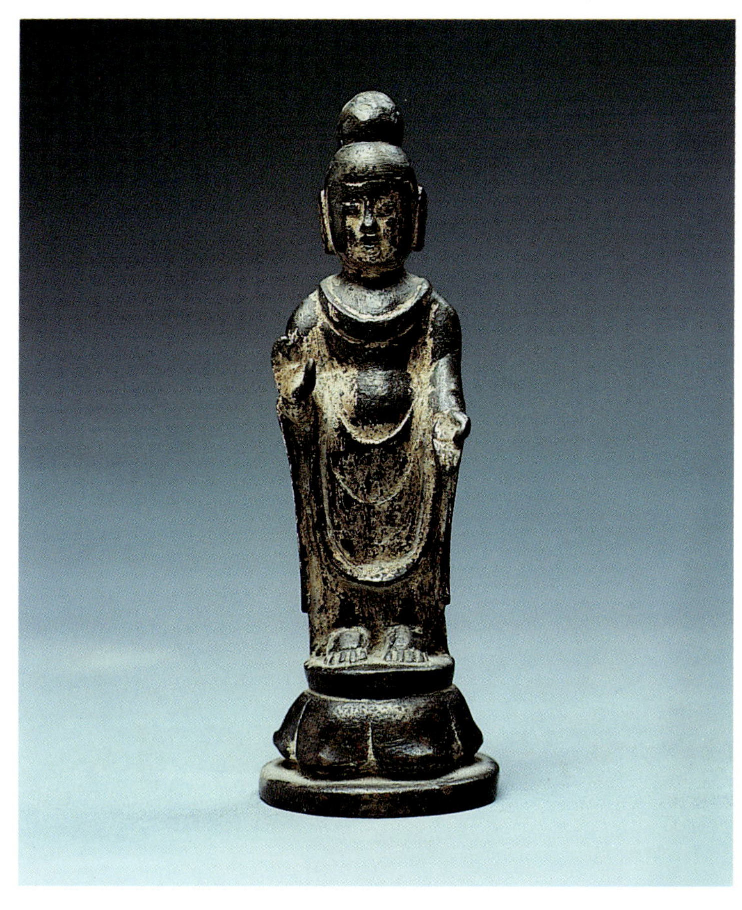

금동 여래 입상 광배는 없지만 거의 완형에 가까운 유일한 불상이다. 높이 3.5센티미 터.

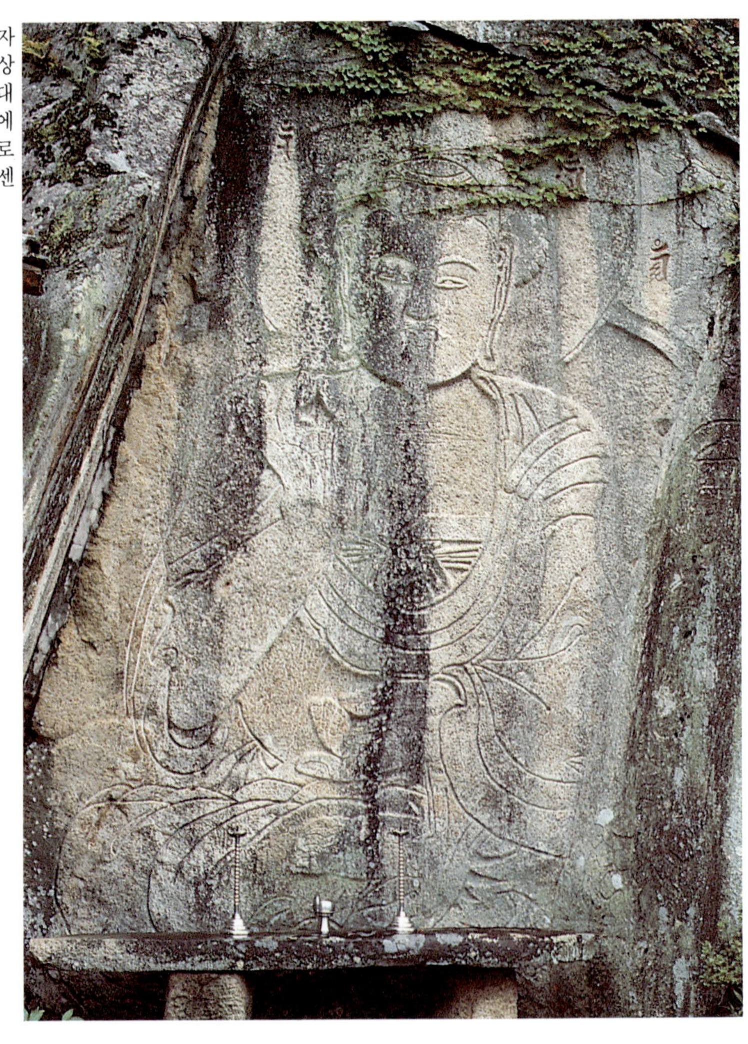

조각 수법이 뛰어난 것은 아니지만 신체의 균형이 흐트러져 있지
않으며 조선시대 말기의 것이기는 하나 제작 연대가 확실하다는
점에서 주목되는 불상이다.

사경(寫經)

화엄경변상도(華嚴經變相圖)

이 변상도는 「대방광불화엄경」 제46권 '불불사의법품(佛不思議法品)'의 머리 그림으로 감지(紺紙)에 금분(金泥)으로 그렸다. 크기는 폭이 28.3센티미터이고 전체 길이는 758.2센티미터이며, 보물 757호로 지정되어 있다.

그림은 약간의 손상이 있으나 보존 상태는 양호하다. 화면은 오른쪽에 지권인을 취한 비로자나불을 중심으로 보살 무리가 있고 왼쪽에는 여러 불, 보살이 구름과 비천, 꽃 등과 어우러져 표현되어 있다. 제작 시기는 화면의 구성, 각 상의 형태, 필선 등으로 미루어보아 고려시대 후반인 14세기 전반으로 짐작된다.

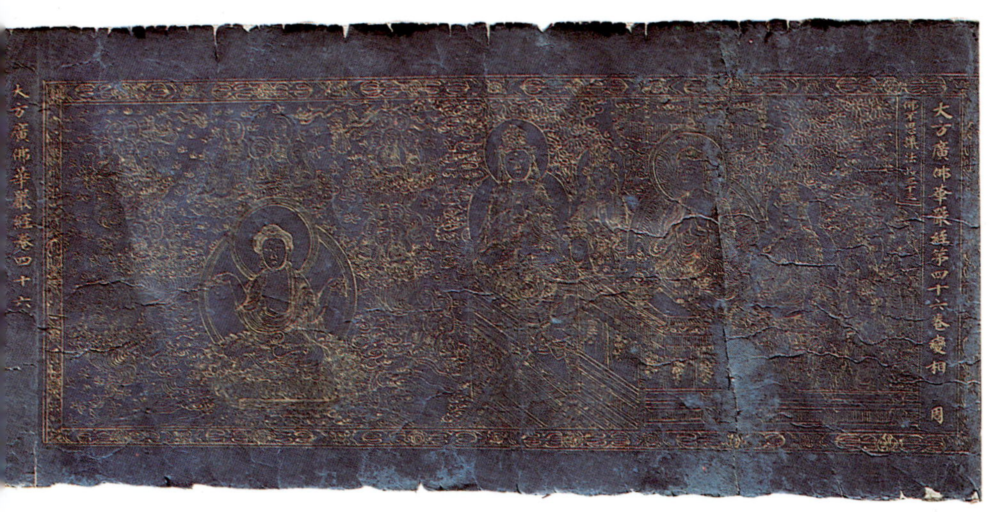

화엄경 변상도 「대방광불화엄경」 제46권 '불불사의법품'의 머리 그림으로 감지에 금분으로 그렸다. 보물 757호.

문수사리보살 최상승무생계경(文殊師利菩薩最上乘無生戒經)

1386년에 만들어진 목판본 경전으로 보물 738호로 지정되어 있다.

이 경전은 석가여래가 보리수 아래 금강좌에서 설법한 내용을 담고 있으며, 특히 인도의 승려 지공이 금강산에서 국왕을 비롯한 많은 대중들에게 설법한 경전이라는 점에서 주목되어 왔다. 보존 상태가 매우 좋으며 글씨체가 아름답고 이색(李穡)의 발문(跋文)이 붙어 있다.

무생계경은 어느 불경집성에도 실려 있지 않은 새로운 자료이며 통도사본이 유일한 것이라는 점에서 매우 중요한 경전이다.

이 밖에도 통도사에는 1652년 제작된 삼장서행로정기(三藏西行路程記), 1880년 사성(寫成)된 금자「법화경」, 목판「다라니경」 등 다수의 서지류가 소장되어 있다.

통도사는 불보 사찰이라는 절의 성격에 맞게 많은 문화재가 소장되어 있다. 물론 그 대부분을 18, 19세기의 불화가 차지하고 있고 상대적으로 불교 조각, 공예품들의 수가 그리 많지 않다고 보이나 한점 한점이 의미하는 내용과 문화사적 가치는 결코 과소 평가될 수 없는 것들이다. 특히 대부분의 사찰 소장 문화재들이 극히 일부를 제외하고는 공개되지 않을 뿐만 아니라 실체 파악조차도 되어 있지 않은 현재의 상황에서 통도사 소장의 유물 공개 및 연구 자료로서의 활용은 유물의 문화사적 가치 이상으로 높이 평가되어야 한다.

T'ongdosa

T'ongdosa Temple is renowned for the prominent absence of an image of the Buddha in its main worship hall. There is no image because Sakyamuni's *sari* are enshrined in the Kŭmgang Kyedan, or the Vajra(Diamond) Altar, beside it.

The temple is said to have been founded by Monk Chajang in 643 during the reign of Queen Sŏndŏk of Shilla(57 B.C.–A.D. 935) after he returned from studying Buddhism in T'ang China. A great authority on Buddhist rules, Chajang is best known for reorganizing Buddhism in Shilla by emphasizing the doctrines which set forth the disiplines or rules governing monastic life.

The Vajra Altar is the spiritual foundation and mainstay of T'ongdosa. The Vajra Altar of T'ongdosa was tantamount to being ordained by Buddha himself, so the temple naturally became the center of clerical disciplines. The altar is still the only orthodox place of ordination for Buddhist clergy today.

Though the Vajra Altar defines T'ongdosa clearly as a temple that upholds the Buddhist rules, it has not done so at the expense of scriptures, philosophy or meditation. Quite the contrary, T'ongdosa has produced so many outstanding philosophers, scripture shcolars and *Son* masters that it deserves to be called an all-encompassing Buddhist center.

T'ongdosa is built in what is called a hillside temple style with its buildings sprawling freely along an east-west axis. During the 1300 years since its establishment, the temple has undergone a great many changes, its compound expanded and buildings added, repaired, remodelled and reconstructed. Understandably the buildings retain little of the vestige of their original construction and layout. However, even though Taeungjŏn, Taekwangmyŏng jŏn and Yŏngsanjŏn, the three major buildings on the secondary axes that cross the primary axis at right angles, were reconstructed during the Chosŏn period, they can be traced back to the Shilla period. This suggests that they were part of the original temple plan and layout.

As it is now, T'ongdosa is of what might be called a cross axes plan with three transversal axes crossing the primary axis which extends from the Ilchumun Gate to the Taeungjŏn Hall, the main sanctum. On the highest transverse axis stands Taeungjŏn with its Vajra Altar, on the middle axis, Taekwangmyŏngjŏn, Yong-hwajŏn, and Kwanŭmjŏn and on the lowest axis, Yŏngsanjŏn and Manseru. The temple is thus divided into three sections ; an upper, a middle, and a lower section. This kind of layout, with an east-west primary axis and three north-south secondary axes, is found in no other temple in Korea.

Worthy of its reputation as the Temple of Buddhist Treasures, T'ongdosa abounds with precious Buddhist relics. Its collection of over 300 Buddhist paintings is especially famous. As is true of most of the Buddhist paintings in Korea, they are largely from the 18th and 19th centuries. They include paintings of Buddha Preaching at the Spirit Vulture Peak, the Eight Stages of Buddha's Life, Vairocana Triads, Gold Painted Amitabha Triads, Standing Amitabha Triads, Amitabha Preaching, Amitabha of the Pure Land, Bhaisajyaguru Buddha, Ksitigarbha Bodhisattva, the Ten Kings of Hell, the Seven Star Deities, Arhans, Amrpakundalin, the Dragon Boat of Wisdom, and Tripitakas, as well as large hanging scroll paintings for outdoor ceremonies and murals. Many of the paintings are of great value in Korean art history. It is no exaggeration that T'ongdosa is a treasure trove of Buddhist paintings and it is nearly impossible to understand the history of Buddhist paintings without studying those in T'ongdosa. The temple is also rich in other cultural relics. Though they number far less than the Buddhist paintings, each is of special note. It should be noted that, whereas the cultural relics of most major temples are closed to the public and not properly classified, T'ongdosa's collection is open to the public and available for academic research through its Sŏngbo(Sacred Treasures) Museum, which in itself is an important cultural contribution that is as valuable as its cultural relics.

빛깔있는 책들 103-22

통도사 T'ongdosa

글	—이기영, 김동현, 정우택
사진	—통도사 성보박물관
회장	—차민도
발행인	—장세우
발행처	—주식회사 대원사
주간	—박찬중
편집	—김한주, 신현희, 조은정, 황인원
미술	—윤용주, 윤봉희
전산사식	—김정숙, 육세림, 이규헌

첫판 1쇄 —1991년 9월 17일 발행
첫판 7쇄 —2001년 11월 30일 발행

주식회사 대원사
우편번호/140-901
서울 용산구 후암동 358-17
전화번호/(02) 757-6717~9
팩시밀리/(02) 775-8043
등록번호/제 3-191호
http://www.daewonsa.co.kr

값 13,000원

ISBN 89-369-0110-9 00220

빛깔있는 책들